WELCOME
WITH WOR

SE

MW00935362

Learning a new language can be both challenging and rewarding. This book provides puzzle based vocabulary exercises and is intended to supplement traditional methods of language study. We believe that learning should be fun. If you are doing something that you enjoy, then it will be easy to stick with.

In Learn VIETNAMESE with Word Search Puzzles you will find a collection of 130 bilingual word search puzzles that will challenge you with dozens of interesting categories.

This book includes:
• Diverse categories including: Numbers, Colors, The Body, Weather, Professions, Fruits, Vegetables, Verbs, Opposites, and many more!
• Words hidden horizontally, vertically or diagonally in each puzzle
• Easy to read puzzles
• Challenging and fun!
• Puzzle based learning provides unique learning perspective
• 65 jumbled review puzzles to challenge your memory and lock in those translations with reinforcement learning
• Complete solutions provided.

Keep your Mind Active and Engaged
Studies have shown that continuously challenging your brain with puzzles and games or acquiring new skills such as a new language can help to delay symptoms of dementia and Alzheimer's.
Keeping a sharp mind is a great idea for people of any age.

Learn with Word Search Series
Revised and updated for 2018.
Now including 18 challenging languages. Check out our other titles!

Happy searching!

Dedicated to those who occasionally struggle to find the correct words

---

ADDITIONAL NOTES ON LEARN WITH WORD SEARCH PUZZLES

1. Only words that are capitalized in the word lists are hidden within the puzzle grid.

2. In general, when a word has multiple gender variations, Learn with Word Search Puzzles defaults to the masculine form to maintain formatting.
Future books may deal with multiple gendered forms.

Welcome to Learn with Word Search. It's time to count down to your new vocabulary. Here we go. Three. Two. One   Find these number translations in the grid below.

```
E E E Ă H T Á M Ộ T Ộ M I Ờ Ư M
R O W I D Ư R U O F I F T E E N
Ả A G E T B Ă Á H Ờ A S W I G L
Ờ Ố E H E Ố L H Ư D H Á E Ư T W
U Á E I Í E H M T Ố I U L V V Ộ
O F H O O M Y M M S Ờ M V Y E I
T U A D Ờ Ă Ư Ư Ư Ộ Ư T E B Ố N
A Ư Ố A A N F Ờ Ờ Ờ M E H O N E
S D Y I O E A I I O P N E R R N
V Ố E R Ờ Y Ả B L M F L F B E E
S A R E E Ờ Ố A Ă S S X F Ờ L E
Ờ C I A T N T N M T H G I E H T
I H D Ố O Y O Ư L N A T V S W R
C T R N S L Í I Í E I E E O Í U
L Ă G Ộ H P T H A Ả N N Ờ D Á O
N Ư Ố O O M C T H I R T E E N F
```

ONE	MỘT
TWO	HAI
THREE	BA
FOUR	BỐN
FIVE	NĂM
SIX	SÁU
SEVEN	BẢY
EIGHT	TÁM
NINE	CHÍN
TEN	MƯỜI
ELEVEN	MƯỜI MỘT
TWELVE	MƯỜI HAI
THIRTEEN	MƯỜI BA
FOURTEEN	MƯỜI BỐN
FIFTEEN	MƯỜI LĂM

A zillion is often used to describe a huge number, but it doesn't actually have a defined value. We won't make you count to a zillion, but below you will find some more numbers to add to your vocabulary.

```
Í Q I Ơ Ư M N Ồ B S O C T Ả O W
F O R T Y E L E I E D G L U H Ổ
Í Y T N E W T Ơ D V F Ọ Ệ S Í I
O M Á T I Ờ Ư M M E M I R I Ổ Í
M Ờ X D Ì M M Ư Y N R B F X L E
T I K G I Ệ Ờ Ọ F T Ả D Ệ T Ờ D
S Ả L A N I N E T Y R Ệ N Y Y U
E O H L C E Ờ Ộ M T Ả I R U Á Ư
V N I H I F M Ư Ả C R B H S H I
E I Í Ơ L O Ơ Ọ U H A Ă I T I Ơ
N N Y L Ư I N F T Í R Ờ M Ờ Ơ Ư
T E T L M M T Ờ Ộ N Ư E F Ệ Ư M
E T H O U S A N D M G Ả Á Ệ M M
E E G O D U Í B Z Ư Ờ H B F M Á
N E I R S Á U M Ư Ơ I N Ì T Ă T
Í N E N E E T H G I E A O N N Ệ
```

SIXTEEN	MƯỜI SÁU
SEVENTEEN	MƯỜI BẢY
EIGHTEEN	MƯỜI TÁM
NINETEEN	MƯỜI CHÍN
TWENTY	HAI MƯƠI
THIRTY	BA MƯƠI
FORTY	BỐN MƯƠI
FIFTY	NĂM MƯƠI
SIXTY	SÁU MƯƠI
SEVENTY	BẢY MƯƠI
EIGHTY	TÁM MƯƠI
NINETY	CHÍN MƯƠI
HUNDRED	MỘT TRĂM
THOUSAND	MỘT NGHÌN
MILLION	MỘT TRIỆU

The seven days of the week were named after the seven celestial bodies that were visible to the naked eye thousands of years ago. These are the Sun, Moon, Mercury, Venus, Mars, Jupiter, and Saturn. See if you can spot their translations with your naked eye below.

```
Y Y A I G C Ó U Q Ế L Y À G N K
Ả W E D N E S D A Y V F C E Á E
I Ố E S U H H A Ă E Ư C F A Ứ E
Ứ Ứ E E T Ả A Y T O M O R R O W
V T S T K E A F Ả U T O À X W F
Ả H O H Y E R U E B R G N E Ầ E
E Ứ A Ứ A I N D Q Ả Ứ D C D E U
T T Ổ H D C A D A M T H A G A Z
A Ư B A N U H A E Y Ô I T Y F Y
B D Y I U Ó S H N M A H Ô T O M
Ứ S Ổ Ả S I À N N G U D Ậ Y Ủ Ă
H Y A D O T Ả A Y R À H S Ủ I N
T H Ứ S Á U Y À S N N Y I E T Ứ
W H G Ế T Ầ G D Á Ủ Ứ Ố M E U H
N A T I O N A L H O L I D A Y T
H Ô N D A Y Ầ C J Ủ A S Ă E I Ứ
```

MONDAY	THỨ HAI
TUESDAY	THỨ BA
WEDNESDAY	THỨ TƯ
THURSDAY	THỨ NĂM
FRIDAY	THỨ SÁU
SATURDAY	THỨ BẢY
SUNDAY	CHỦ NHẬT
WEEKEND	CUỐI TUẦN
NATIONAL HOLIDAY	NGÀY LỄ QUỐC GIA
TODAY	HÔM NAY
TOMORROW	NGÀY MAI
YESTERDAY	HÔM QUA
WEEK	TUẦN
DAY	NGÀY

The Roman calendar originally had ten months, which explains why September, October, November and December are based on the latin words for seven, eight, nine and ten. Search for the months and their translations below.

```
Ộ S I A H I Ờ Ư M G N Á H T N C
D T T S E P T E M B E R Y S Y A
H H H C T H N Y O C O F R R U Ị
Ờ Á Á Á Á M O M A T N J A G Ư Á
Ă N N N N D V L O M Ộ U U Ă B Y
P G G Ă N G E Ư T N R S N N L N
Á M S M Ă N M C Ư B T T A U E Í
O Ư Á Ả D B B Ư E R Ộ H J U Y H
Ư Ờ U A Á T E F Ờ M O E M N Ẳ C
L I R P A K R S G I B Á I H B G
Q M M I A H G N Á H T E E A G N
A Ộ R A E Y Á E C G Ằ D R N N Á
O T S E R H Ắ Ị N O P P I Ư Á H
A N G O T C L Á M Ă N G N Á H T
I A B G N Á H T H Á N G T Ư T Í
C R E B O T C O Ẳ O O U G K V H
```

JANUARY	THÁNG MỘT
FEBRUARY	THÁNG HAI
MARCH	THÁNG BA
APRIL	THÁNG TƯ
MAY	THÁNG NĂM
JUNE	THÁNG SÁU
JULY	THÁNG BẢY
AUGUST	THÁNG TÁM
SEPTEMBER	THÁNG CHÍN
OCTOBER	THÁNG MƯỜI
NOVEMBER	THÁNG MƯỜI MỘT
DECEMBER	THÁNG MƯỜI HAI
CALENDAR	LỊCH
MONTH	THÁNG
YEAR	NĂM

The seasons are caused by the tilt of the Earth as it orbits the sun. For part of the year the sun shines longer on one hemisphere resulting in summer. Tilt your head and search for these words related to time and the seasons below.

```
A Ư C L G N Á S I Ổ U B R Ă Ú S
D Á E L D N O C E S Ù N W Ù Ổ O
B N K Ờ Ỷ T Ô Ở È Z T È È T Ú T
U B Ổ K M Ổ Ư Đ H Ê T H T S R A
Ổ F Ê V I H E T A P A D Á E I S
I H Ậ Ậ N Ê Â A H Ù T S T N Ă M
T R Đ Ú U H X Ú M Ổ M N Ú Ờ G Ế
R I A R T D T B U Ổ I T Ổ I Ổ Đ
Ư G N E E D A N Y W L H Q G A P
A F I È Y M U D O À N Ậ O Ờ M Ậ
Ổ E G Â Ù R M È T M G P Ê U O Y
O L H A Y Á U U U A Ỷ N É B R J
P Ù T Đ Y L A T S P R I N G N L
E H M Ù A X U Â N D À Ê Ỷ S I O
U Ổ È R D A A F T E R N O O N I
Ỷ T A C U A Á B D E C A D E G S
```

WINTER	MÙA ĐÔNG
SPRING	MÙA XUÂN
SUMMER	MÙA HÈ
AUTUMN	MÙA THU
SECOND	GIÂY
MINUTE	PHÚT
HOUR	GIỜ
DAY	NGÀY
MONTH	THÁNG
YEAR	NĂM
MORNING	BUỔI SÁNG
AFTERNOON	BUỔI TRƯA
NIGHT	BUỔI TỐI
DECADE	THẬP NIÊN
CENTURY	THẾ KỶ

The three primary colors are red, green and blue. These three colors can be combined to create an astonishing variety of color. Astonish yourself by finding these translations in the grid below.

```
C E X H T À V T V N S Ấ Ạ À Ư Â
A C Y A N À O Ấ W H I T E R Đ G
M Ẫ S G N Ỏ H O Â X Í R D N O N
A Á W G Đ H R E D M H Ấ I L T Ơ
G Á X E W B L A C K Ạ N D R G Ư
E G N A R O L Ơ Ạ T N G T G Ư D
N L Â E Z E L U B G O I G N Ỏ H
T Ư P Í E K V L E R Ò Ấ P À Ò N
A R Ờ R F R Ẫ L E E T À A V Ò A
Í X À E U D G Â I Y Í C B Ò L X
Đ L F R Â P I T A S N B T Â E A
Ỏ O Ỏ E N A Ỏ T E I E T S U Í N
T Ò S Â O A H S D N E M E Â T H
H Ấ T Á E Á T N Ư Â T A D Ấ L L
U Ư F C S T E G Ỏ E I Â L Â A Á
H T Í Í E Đ Í E Ạ Đ S A A Ạ I Ơ
```

BLACK	ĐEN
BLUE	XANH DƯƠNG
BROWN	NÂU
CYAN	XANH LƠ
GOLD	VÀNG
GREY	XÁM
GREEN	XANH LÁ
MAGENTA	HỒNG SẪM
ORANGE	CAM
PINK	HỒNG
PURPLE	TÍM
RED	ĐỎ
SILVER	BẠC
WHITE	TRẮNG
YELLOW	VÀNG

A dodecagon has 12 sides, while a megagon has a million sides, at which point it is essentially a circle. Time to think outside the box and find these 2D and 3D shapes in the puzzle below.

```
I D F O Ữ E I H G N Ô U V H N Ì H
Ũ O I V N O D H Ì N H T R Ụ R Ì Ò
Ò T D A H Ó Ò H Ì N H T R Ò N X H
Ả R Ư L M Ì N A Ì Ì H B C H F Ữ Ì
N I Ầ T E O N H N N E C B Ó S R N
O A S I Ô G N H N Ì H Á H K Ò Ó H
G N N R B I C D N Ì T T N Ó Á E L
A G P Ụ E Ầ T Á N G H Ũ H E P N Ậ
T L R Y U C S H I H Ũ R O O Ậ O P
N E E E R P T Á Ô G E G Ũ U Ì C P
E C L Á H A C A E D C X I O Ơ T H
P U C E M Ư M E N R T Ụ A Á Ũ A Ư
Ó B R G L W H I A G Ì R L G C G Ơ
Ụ E I A B Ụ L T D E L N J H O O N
C Á C D E Y S Q U A R E C Ữ N N G
C T N Ó C E T Ậ H N Ữ H C H N Ì H
O Ô N I Ũ N A O X I Á R T H N Ì H
```

CIRCLE	HÌNH TRÒN
CONE	HÌNH NÓN
CUBE	HÌNH LẬP PHƯƠNG
CYLINDER	HÌNH TRỤ
DIAMOND	HÌNH THOI
HEXAGON	HÌNH LỤC GIÁC
OCTAGON	HÌNH BÁT GIÁC
OVAL	HÌNH TRÁI XOAN
PENTAGON	HÌNH NGŨ GIÁC
PYRAMID	HÌNH CHÓP
RECTANGLE	HÌNH CHỮ NHẬT
SPHERE	HÌNH CẦU
SQUARE	HÌNH VUÔNG
STAR	HÌNH NGÔI SAO
TRIANGLE	HÌNH TAM GIÁC

Our face is the most expressive part of our body. We can convey a variety of emotions with the 43 muscles we have in our face. Below are some words related to your face and head.

```
E Y E Y E B R O W S K Ò Ệ A Â Đ
À Á Ó O O D A E H E R O F Ó A H
R A I Đ S Ặ Ẳ À E Ấ A Ă Ắ K Ệ N
Ă Ô Q L O E L H A Ỡ W R N Â Ầ A
R À Ỡ Ó S O C Á D Q S T S G I K
A Ă Ư M A Á Ẳ V Ỡ U Ẳ J Â V O E
Ư I Ả I Ò H M Á H Ô Ũ Ấ Á Ă E Á
H Ă A T W Ẳ T Ặ Ũ T T S Ẳ Đ M Ấ
Ă Ặ V Ó A N G I Ấ B Á P Ò Ò K D
Ó I T C Ũ I Ũ E C Ư O C G Ẳ H F
A T Ỡ R F M D T H Â Â N H T U S
Ỡ Ô R Ư Á G O Ô Â A Ệ R U I Ô M
H A Â Z L N Ă F N I I O Ẳ N N Ẳ
W F Ô I G Ô Á A M I M R Đ O M H
Á K P U R L D C À Ấ Ô G R S Ặ D
Â S E H S A L E Y E T T E E T H
```

CHEEK	GÒ MÁ
CHIN	CẰM
EAR	TAI
EYE	MẮT
EYEBROWS	CHÂN MÀY
EYELASHES	LÔNG MI
FACE	KHUÔN MẶT
FOREHEAD	TRÁN
HAIR	TÓC
HEAD	ĐẦU
LIPS	MÔI
MOUTH	MIỆNG
NOSE	MŨI
TEETH	RĂNG
TONGUE	LƯỠI

The human body is a remarkable thing, with hundreds of specialized parts that we take for granted every day. Here is a list of some important parts of the body to remember.

```
V X Ư N S Ư Y I S V T N Ỷ E H U
K Ư U Ỏ Â A A N E H O H I A V Ơ
Ả Ơ E O T H Ú G O Ư O Ư U R W E
N N Ú N J M C Ó G Ó A U G M O D
Ơ G À D V H N N Ô Y Ú Ó L E B A
Ỷ B Ó Ú Â R Ư T À M T Z Ô D L L
P Ả N N E L Ú A C B Ấ Ó R P E B
D V A G T T T Y E D T X Ó Y F R
N A N Ấ Y A T H N Á C T I Ú Ấ E
S I H I P D Y A T U Ỷ U H K I D
F T Ô U N Â H C N Ó G N T À Á L
S E N I R R A U Á W A I S T I U
X M G U H A R Ư R I L P Ấ O I O
Ó Ô Ấ G G A Ó I Ó T O P A O E H
O Ả S Ắ T R S D N G E L Â F D S
H Ỷ G C Ỏ T A Y E Á O E Ơ W A Ó
```

ARM	CÁNH TAY
ELBOW	KHUỶU TAY
FINGER	NGÓN TAY
FOOT	BÀN CHÂN
HAND	BÀN TAY
HIP	HÔNG
LEG	CHÂN
NIPPLE	NÚM VÚ
SHOULDER	VAI
SHOULDER BLADE	XƯƠNG BẢ VAI
THUMB	NGÓN TAY CÁI
TOE	NGÓN CHÂN
WAIST	THẮT LƯNG
WRIST	CỔ TAY

Skin is the largest human organ and is approximately 15% of your body weight. Search for these other parts of the body and their translations in the puzzle grid below.

```
I  A  J  X  F  Y  T  M  D  D  P  Q  Y  Ể  Ọ  Ợ
Ẻ  T  F  Z  L  I  A  N  R  E  G  N  I  F  Đ  W
R  P  Â  Ẻ  P  Ỏ  O  T  Y  A  T  H  N  Á  C  H
H  Ỏ  Ê  M  B  G  R  Ọ  G  D  E  E  N  V  G  C
Ư  N  R  Ấ  O  U  H  B  S  N  C  R  R  Ơ  N  Á
E  A  P  T  D  Ầ  T  R  T  K  Ó  C  O  M  Ọ  N
Ổ  V  É  C  Y  Đ  Ể  H  T  Ơ  C  M  Ự  F  H  Â
Ê  E  A  Á  Ù  Đ  S  O  Ả  Ư  Ổ  O  A  G  G  H
O  L  M  I  Ư  R  Ơ  Ó  H  G  I  H  T  S  N  C
F  S  F  Ả  Y  K  C  A  B  R  E  A  S  T  Ổ  P
H  Ù  Á  Â  R  Đ  Ể  Ổ  M  S  K  I  N  Ổ  U  Ấ
O  Ó  Ắ  A  O  Ù  Ổ  L  Ổ  Ù  E  Ổ  F  K  C  B
Ả  S  Ự  R  S  Â  H  E  I  T  R  Ê  G  A  L  M
L  X  N  A  G  X  H  B  I  R  T  T  K  N  E  E
Ư  T  U  V  F  H  Ó  D  T  Y  Ọ  K  E  A  Ư  Đ
A  Ầ  I  P  Ơ  Ể  Â  V  Đ  I  Ấ  Â  Ư  L  T  L
```

ANKLE	MẮT CÁ
ARMPIT	NÁCH
BACK	LƯNG
BODY	CƠ THỂ
BREAST	NGỰC
BUTTOCKS	ĐÙI
CALF	BẮP CHÂN
FINGERNAIL	MÓNG TAY
FOREARM	CÁNH TAY
KNEE	ĐẦU GỐI
NAVEL	RỐN
NECK	CỔ
SKIN	DA
THIGH	BẮP VẾ
THROAT	CUỐNG HỌNG

Our internal organs regulate the body's critical systems, providing us with oxygen and energy, and filtering out toxins. Check out this list of squishy but important body parts.

```
Ổ E E N I T S E T N I E G R A L
S N I E V S E Y D E I A U P U R
K I D N E Y I Ê Ụ W Ụ Ộ P N B D
Đ T Ơ R Ậ R R Y Ừ T T E G H L Ụ
R S Đ U O H E Ậ À G N S Ộ Ụ Ố I
I E Ã Ộ Ã U T V I D A Ế Á Á À I
Đ T I T N I R À I H Ạ N Y E R Z
N N Ê N D G A X C L E D A U H Ĩ
I I L O T I M Á A E L H Ộ I T Y
A L O N Ấ M L Ạ L Đ C T K Ộ Ừ T
R L N L Ừ Á Á P C Ạ T R A E H Ế
B A S E L C S U M H S A Ộ L E V
A M X H G Y S H Ừ L H N Đ E Ậ F
H S A E R C N A P Ấ B Ơ C O Ừ À
P A O P W Ĩ E E Ộ Á T S L A L Ấ
A O O S T O M A C H Ụ B À L E N
```

APPENDIX	RUỘT THỪA
ARTERIES	ĐỘNG MẠCH
BLOOD	MÁU
BRAIN	NÃO
HEART	TIM
KIDNEY	THẬN
LARGE INTESTINE	RUỘT GIÀ
LIVER	GAN
LUNGS	PHỔI
MUSCLES	CƠ BẮP
PANCREAS	TUYẾN TỤY
SMALL INTESTINE	RUỘT NON
SPLEEN	LÁ LÁCH
STOMACH	DẠ DÀY
VEINS	TĨNH MẠCH

The Earth is an enormous place that time has divided up into continents and oceans. Take some time and memorize these words that define our Earth.

```
N Ự G Ì M A N C Ự C Ự C M A N M E
T A L N T N E N I T N O C Ị V Đ J
A Á E Ắ Ơ O A H Ỹ O Â I T Đ M Ư Ụ
E C Ĩ C Á Ư P M R M R Ự A C E Ờ Ư
Ạ H E U O U D T M E G C A Ụ L N Í
Â Â Đ N Â C H H M Ỹ I N Ơ L A G Ờ
I U J H T P I A N R U M U E T X S
S Â C S O R H F E Ì V M C R I Í O
A U B L B T A M I Ĩ B O T Á T C U
A L E Ắ U Í A L Đ C C I Ọ U U H T
O A C O C H Ự Ộ A I A Đ Á Â D Đ H
Ộ M S T T C Ị Ị T M H P Ỹ H E Ạ P
Ỹ Ỹ E R S Â Ự N E N E H O C T O O
E P O R U E A C I T C R A T N A L
M N Á S Á L Ắ K L O N G I T U D E
D Đ Ạ I T Â Y D Ư Ơ N G S C Ự M Ì
R O T A U Q E O Í A C I R F A S Ộ
```

AFRICA	CHÂU PHI
ANTARCTICA	NAM CỰC
ASIA	CHÂU Á
ATLANTIC OCEAN	ĐẠI TÂY DƯƠNG
CENTRAL AMERICA	TRUNG MỸ
CONTINENT	LỤC ĐỊA
EQUATOR	ĐƯỜNG XÍCH ĐẠO
EUROPE	CHÂU ÂU
LATITUDE	VĨ ĐỘ
LONGITUDE	KINH ĐỘ
NORTH AMERICA	BẮC MỸ
NORTH POLE	BẮC CỰC
PACIFIC OCEAN	THÁI BÌNH DƯƠNG
SOUTH AMERICA	NAM MỸ
SOUTH POLE	CỰC NAM

Time to zoom in and take a look at some geographical features that make up our planet. Fly over mountains, forests and glaciers as you reflect on the beauty of nature.

```
Đ E Ă L Ó A Ử L I Ú N G N Ệ I M
Ư S I X H Ò N Ẳ S S L O I Ú Ô O
Ả Ờ R D O A H U C A E S Ô H I U
A G Y Ò E N X R C Ư E F H Ả Ò N
T N Ă C Ê S A I Ố H P H N À H T
T Ơ O Y O T E C E I S L A N D A
Ử Ư U T E R O R L C Ô A S Đ Ó I
À D E R O A Ờ S T O À Ủ Á U Ừ N
C I W Ư S Ê Ệ E Ả L V B Đ E B Ế
H Ạ Ô T À R Ố L E Ú Ă C R I E I
H Đ M B Ă R O E T N Ú I L Ử A B
L Ư T A Á M E X G S V Y T I C Ờ
N S S Ú S O I G L E E H Đ S H B
T O L Ô E A S N R A M R Ắ C I I
Ệ Ả N M Ạ D W Ừ D Ô K Ê O U C Ế
N G Ạ I T C O R A L R E E F A N
```

BEACH	BỜ BIỂN
CITY	THÀNH PHỐ
COAST	DUYÊN HẢI
CORAL REEF	ĐÁ SAN HÔ
CRATER	MIỆNG NÚI LỬA
DESERT	SA MẠC
FOREST	RỪNG
GLACIER	ĐÁ BĂNG
ISLAND	ĐẢO
LAKE	HỒ
MOUNTAIN	NÚI
OCEAN	ĐẠI DƯƠNG
RIVER	SÔNG
SEA	BIỂN
VOLCANO	NÚI LỬA

Today's weather forecast shows a 100% chance of learning some important weather terms.

```
N Ạ Í Ẳ W R Y Í Ứ Ẳ O O Ù E N T
Ẻ R O Ã B A R O M E T R I C Í Ầ
Y Ứ Z Ó D I R S N Ê Q Ạ F Ẳ Ó Ứ
U Â Ẳ I È N Ò M Y I C L O U D Y
Q T M G Y B R U G O Ẳ K G V È D
Í U Ự U Ớ O T D L Ề H Ự Ẳ Ò A N
H Ớ Ớ È È W M D T L S Ầ S N È I
K O T I I I É T S Ự M S C G Y W
T N Á H E I H Ễ Ơ H U Ã Ẳ L A Ẳ
Ẳ E Â N S U E N Ó N G B Ứ C Ó Ư
U F A A N Ẳ G A N Ạ Â L È Ứ R T
S E N D U M M Y S L N I Y I Ơ Ễ
P N E I Ù Ự R S N I S Ẳ Ơ Ơ H E
Á R O Ẳ A A S E É Ã S Ẳ N C É Â
M T Ạ W I L I G H T N I N G Ầ Ớ
Ẳ Ẳ E N A C I R R U H O T É S D
```

BAROMETRIC pressure	ÁP SUẤT KHÍ QUYỂN
CLOUDY	NHIỀU MÂY
COLD	LẠNH
FOG	SƯƠNG MÙ
HOT	NÓNG BỨC
HUMID	ẢM ƯỚT
HURRICANE	BÃO
LIGHTNING	SÉT
RAIN	MƯA
RAINBOW	CẦU VÒNG
SNOW	TUYẾT
SUNNY	NẮNG
THUNDER	SẤM SÉT
WARM	ẢM ÁP
WINDY	NHIỀU GIÓ

Let's go on a word safari to search for some of Africa's most famous animals. Elephants and lions are hiding somewhere below.

```
G Ê I F S H L I O N Ơ Ợ S C Â V
A H Ó H Ạ N O O B A B Ư S N S Ư
N Ì S Ợ Y V Ợ W A R T H O G U Ợ
S Ạ Ó E N E W A Ộ Ử B Ì R Ự M N
O Ỏ H O Ẻ A N T E L O P E A A P
L Ê C E E Z N A P M I H C V T H
H E E F F A R I G Ả Ấ Ư O Ả O I
Ì Ỏ O Ộ H S O N Ẳ C Ã Ơ N N P C
Ã C C P F A Ơ Á T Ạ G U I O O H
E M E A A Ư T I B O E C H S P Â
L L À R D R N E R N H A R T P U
E Đ B H Đ H D I E F O O Ợ R I Ể
N E N A T D L À L H Á C D I H I
Z I Ơ I U L E Ả Ấ B C Ỏ T C W Đ
L Ợ N S A M Ạ C C H Â U P H I À
K H Ỉ Đ Ộ T Ê G I Á C Ư H Ỏ Ợ Đ
```

ANTELOPE	LINH DƯƠNG
BABOON	VƯỢN PHI CHÂU
CHEETAH	CON BÁO
CHIMPANZEE	HẮC TINH TINH
ELEPHANT	CON VOI
GIRAFFE	HƯƠU CAO CỔ
GORILLA	KHỈ ĐỘT
HIPPOPOTAMUS	HÀ MÃ
HYENA	CHÓ SÓI
LEOPARD	BÁO
LION	SƯ TỬ
OSTRICH	ĐÀ ĐIỂU
RHINOCEROS	TÊ GIÁC
WARTHOG	LỢN SA MẠC CHÂU PHI
ZEBRA	NGỰA VẰN

A recent study estimated that there are approximately 8.7 million different species of life on Earth. Below are just a few examples for you to learn.

```
I  Ó  R  R  Ộ  Ụ  L  Á  Ụ  R  Ạ  F  S  Ỏ  Ỏ  Ẫ
L  E  M  A  C  H  Ó  Ụ  T  E  Ộ  G  L  T  Ụ  Ỏ
Ạ  Ô  Ơ  B  Á  O  Đ  Ố  M  M  Ỹ  T  Ỏ  M  D  Ỹ
C  F  O  B  W  O  L  F  P  Ỏ  O  H  Ộ  O  G  Ư
Đ  J  Ố  I  R  R  À  E  E  Ộ  T  O  G  U  P  Ạ
À  Ụ  A  T  E  A  N  C  U  Ú  Ắ  L  S  S  H  D
T  C  Ú  G  Y  G  O  S  Ụ  Ơ  Ỹ  Ạ  R  E  Ơ  C
N  A  I  S  U  N  Ẫ  Ơ  O  Ỏ  Ư  Ỏ  F  I  R  O
Ạ  T  Ụ  I  H  A  M  U  L  E  Y  H  A  Ú  E  N
I  Ự  N  Ỏ  O  K  R  Ó  B  A  Á  T  T  T  E  L
H  Ó  Z  Ẫ  Ỏ  È  Ỹ  Ụ  Ơ  Ắ  Ộ  N  X  T  D  A
È  Ắ  S  N  W  E  M  L  Ố  B  C  O  D  Ộ  I  A
A  Ụ  Ộ  Ó  O  Ẫ  Ú  N  F  M  F  C  C  U  Ỹ  B
Ỏ  A  Ụ  Y  H  S  Ó  Ộ  O  T  Ộ  A  Ự  H  V  A
È  W  Ơ  O  Á  C  H  I  M  C  Á  N  H  C  Ụ  T
Ắ  Ụ  L  Đ  Ự  W  Ự  R  A  E  B  R  A  L  O  P
```

BAT	DƠI
CAMEL	LẠC ĐÀ
CAT	CON MÈO
DOG	CHÓ
FOX	CÁO
JAGUAR	BÁO ĐỐM MỸ
KANGAROO	CHUỘT TÚI
MOOSE	HƯƠU
MOUSE	CHUỘT
MULE	CON LA
PENGUIN	CHIM CÁNH CỤT
POLAR BEAR	GẤU BẮC CỰC
RABBIT	CON THỎ
TIGER	CON HỔ
WOLF	CHÓ SÓI

Another study estimates that approximatley 150-200 species are going extinct every 24 hours. Find the animals below before they disappear forever.

```
E H H P Ò F Ớ E I E T Ấ H À Đ Ư
É O W L E H R Ơ K C Ư O D E Ừ N
Ọ U È U Ò Ộ G A Ộ D S R O Á Ờ C
I Ớ Z M Ẳ Ẳ N Y C H Ò N H Ô I U
B Ự E Q U S T H E C M W U E Ư O
L B K Đ O Ẳ Á Ẳ È Í O I Ô K Ơ T
A G E A C P G C H Ô L O E N I V
C N W O N A O N Ú N C S N U Ú O
K Ô Y T O È N S S T T A I M T O
B H L Ạ Ơ O A Q S Ộ T Ộ P P N Ú
E K I L C R U S K U N K U I Ò Á
A À Ẳ G A I Ẳ E G H M Ẳ C H H Ô
R Đ H O R M Ó N Ớ C T A R C C H
Ú C B R E V A E B C M C O N C Ú
Đ Ạ E F A R Í È Ô Ó I N P Ê O A
E L I D O C O R C S C O N S Ó C
```

BEAVER	HẢI LY
BLACK BEAR	GẤU ĐEN
CHIPMUNK	SÓC CHUỘT
CROCODILE	CÁ SẤU
FROG	ẾCH
LLAMA	LẠC ĐÀ KHÔNG BƯỚU
OPOSSUM	CHỒN TÚI
ORANGUTAN	ĐƯỜI ƯƠI
OWL	CON CÚ
PORCUPINE	CON NHÍM
RACCOON	GẤU MÈO
RAT	CHUỘT NHẮT
SKUNK	CHỒN HÔI
SNAKE	CON RẮN
SQUIRREL	CON SÓC

The blue whale is the largest animal on Earth. It's heart is the size of a car and can weigh as much as 50 elephants. Search the depths of the puzzle below for some other fascinating sea creatures.

```
V Ẵ I Ự Ộ N V T L Ô C S N A F T
J E L L Y F I S H Ẽ Á X I E X S
Ứ D U Ẫ C I Ả H Ù N H Á A N L T
A C M R L H O A P B E D Ỗ T E A
Ẳ Ộ Ậ Ự C D C V Ẻ L O L I E U R
Ự U D Ẫ C R A B Á A O E A U S F
Ự T Ủ N O Ố K D Ự C X D W H Q I
O H E N C O N S Ứ A L N A E W S
N C T X Ẽ Á Ẽ G R A N R L X H H
E Ạ T N M I I Ã E Ậ K T R A Ử Y
Ù B Ô O L O B S T E R Ù U Ứ Ứ Ậ
G A M I P Q O Ử Ứ U A C S Ù P Ộ
R Ự H L N U A Ủ T H Ù J Ộ O Ậ Y
Ự Ẻ Ù A G E S W Ậ Ự S H Ả I M Ã
Ự Ủ M E M Ủ H T T Á S I O V Á C
E Z Ủ S H Ã D Ạ Ô Ứ Ử S F Ủ C Ậ
```

TURTLE	RÙA
CRAB	CUA
DOLPHIN	CÁ HEO
FISH	CÁ
JELLYFISH	CON SỨA
LOBSTER	TÔM HÙM
OCTOPUS	BẠCH TUỘC
ORCA	CÁ VOI SÁT THỦ
SEA LION	SƯ TỬ BIỂN
SEAL	HẢI CẨU
SHARK	CÁ MẬP
SQUID	MỰC ỐNG
STARFISH	SAO BIỂN
WALRUS	HẢI MÃ
WHALE	CÁ VOI

Are you married? Do you have any siblings?
Here is a list of terms that will help you to
describe your nearest and dearest

```
O Y A R F I T Ẹ H U N D Y Ì F D
Ì A À A Ô T O N O S H Ô S S I U
A F Ô I R N U Ẹ M O T H E R U G
Ú E Ẹ F S T G I A Đ Ì N H Đ I Ị
Ú F M A C Ô S U T I Đ T E Á G Ị
R W Ở T C O N C Á I C Ô G R R Ì
Đ Ẹ B H R T N G C H Á U T R A I
Ì B À E T A N T A S Á E W E N P
À Ị A R P O I D R H C E U T D R
Ì R I E C B R C C A H M I S F Y
E T Ì T S À R Y H P I E S I A Ẹ
L C L H J U L O E Ì L G Ỏ S T A
C H Ị G Á I Đ N T I D W Y U H Ô
N Ú I U M O R Ô E H R N S F E E
U G R A N D M O T H E R Á C R E
I A F D E G E C E I N R Ì E D Ẹ
```

AUNT	CÔ
BROTHER	EM TRAI
CHILDREN	CON CÁI
DAUGHTER	CON GÁI
FAMILY	GIA ĐÌNH
FATHER	CHA
GRANDFATHER	ÔNG
GRANDMOTHER	BÀ
MOTHER	MẸ
NEPHEW	CHÁU TRAI
NIECE	CHÁU GÁI
PARENTS	BỐ MẸ
SISTER	CHỊ GÁI
SON	CON TRAI
UNCLE	CHÚ

Here are some more family members that you might be particularly fond of (or perhaps not)

```
L A T E E U E Ị Á S Ò Ẹ E U U I
W W E Y B Ị I Ẹ O Ợ Ọ N Â I R Á
I . C O U S I N N O S D N A R G
Â W Y H W M Ẹ C H Ồ N G W R E U
V Â A T A A O C H O Â A Y T T Á
N Ợ Ọ L L C L T C I L Ị B U H H
A C H Ồ N G H N H N . É A Á G C
I Ợ M Ẻ I I R Ò I E T D B H U A
Ẹ Ẹ E R R A R N N R R O Â C A Á
D L Ị N E H O E A G E I N U D Ể
O Y H O H S N I T M M H N P D T
N Â C C T D N A B S U H T L N Ẹ
Ò V H Â A A B É G Á I W Y O A .
Ò L N E F I W I E X Ọ S . A R W
T W A L N I R E T H G U A D G B
M H Ợ Â E L R Â R S A A J T I U
```

BROTHER-IN-LAW	ANH RỀ
BABY	EM BÉ
BOY	BÉ TRAI
COUSIN	ANH CHỊ EM HỌ
DAUGHTER-IN-LAW	CON DÂU
FATHER-IN-LAW	CHA CHỒNG
GIRL	BÉ GÁI
GRANDDAUGHTER	CHÁU GÁI
GRANDSON	CHÁU TRAI
HUSBAND	CHỒNG
MOTHER-IN-LAW	MẸ CHỒNG
SISTER-IN-LAW	CHỊ DÂU
SON-IN-LAW	CON RỀ
WIFE	VỢ

Actions speak louder than words. Here is a list of common verbs that you might encounter in your travels.

```
N N G N Ề L H Ở N T N Q Á T L Đ
Ề T U N B Ỏ U I O T T T Ủ Q S Ủ
I Ề I D I A F E Ì T I Y R W Á Ĩ
T Ợ Ì A S S A K S A O T K I D Ủ
N Ủ Đ O W T O H E A R S Ề Ợ Ì Ẳ
Á Đ E R O O I T T T C A E P A Ở
O H T T C Á T A A O G S E E Ỏ E
T O F O L L O W A P Ủ Ở B G A Ă
H Á T S C Á V G N A M Ĩ G Ă Ỏ I
N G S L Ủ A Đ D T Y T H Ì L À Ở
A E E E N N R O L H D G T F Đ H
H L P E Ề G T R T O A N Ỏ T O Ợ
T Ủ H P Á H M N Y Ĩ E Y Ẳ F Ợ Ợ
R G G Ỏ I E Ì U Ở E R U Đ U F Đ
N E G N A H C O T H O S F Ỏ Ă Ă
R H K Y N M L E B O T E D Ở I N
```

TO ASK	HỎI
TO BE	THÌ, LÀ, Ở
TO CARRY	MANG, VÁC
TO CHANGE	THAY ĐỔI
TO COOK	NẤU ĂN
TO EAT	ĂN
TO FOLLOW	THEO SAU
TO HEAR	NGHE
TO PAY	THANH TOÁN TIỀN
TO READ	NGHE
TO SEE	NHÌN
TO SING	HÁT
TO SLEEP	NGỦ
TO THINK	SUY NGHĨ
TO WAIT	ĐỢI

There are thousands of verbs in use today.
Here are some more popular verbs to practice.
Find the translations below.

```
C  R  À  Ó  N  A  O  E  Đ  F  K  Ì  E  H  Ị  O
E  T  Ú  I  R  A  T  Ị  Ể  Ó  Ó  R  E  Ể  F  X
H  Á  M  M  Ó  T  G  D  C  T  O  D  O  T  N  D
A  Ì  Ì  Ấ  O  E  Ê  T  O  H  A  V  E  W  L  N
V  T  H  H  K  U  O  S  C  S  C  O  T  Ị  O  A
G  O  E  A  D  D  E  Ệ  É  Ấ  Ế  Ị  Y  Ê  U  T
T  L  T  M  R  L  I  T  Ê  I  Ở  Đ  L  Ế  T  S
P  O  Ấ  I  L  V  Ó  Á  Ẩ  Đ  R  D  I  U  S  R
T  O  N  Y  M  O  N  N  P  H  E  H  G  Đ  D  E
M  K  A  À  Á  Ế  C  Ú  I  I  S  V  I  N  Ế  D
A  F  L  À  M  E  I  Ế  E  Ế  O  H  O  Đ  Ố  N
À  O  Đ  Ó  N  G  M  K  G  F  L  Ấ  Ố  L  T  U
T  R  B  Ể  J  Á  Y  O  M  E  C  Ó  À  T  O  O
Ị  Z  Ị  O  T  D  B  E  C  Ì  O  I  E  Ê  S  T
I  Ó  K  A  E  P  S  O  T  O  T  R  A  V  E  L
Ó  A  G  G  O  D  N  I  F  O  T  I  I  Ê  Ế  Ể
```

TO CLOSE	ĐÓNG
TO COME	ĐI ĐẾN
TO DO	LÀM
TO DRINK	UỐNG
TO FIND	TÌM
TO HAVE	CÓ
TO HELP	GIÚP ĐỠ
TO LOOK FOR	TÌM KIẾM
TO LOVE	YÊU
TO SELL	BÁN
TO SPEAK	NÓI
TO TAKE	LẤY
TO TRAVEL	DU LỊCH
TO UNDERSTAND	HIỂU
TO WORK	LÀM VIỆC

Languages typically have a mix of regular and irregular verbs. A regular verb has a predictable conjugation. An irregular verb has a conjugation that does not follow the typical pattern. In English, many of the most common verbs are irregular.

```
Ể Q V V Ó A T A T O D A N C E A
E Ơ Ó I V Ạ Ạ O G O T T Ả N O Ấ
R E Ạ Ờ I I W Ờ R I D W Ợ Ơ T N
P V W Ơ A A Ể Ờ L U T D N O E H
A A N T L P I T O K N O W P L Ẳ
Ạ E U K S Đ N Ê Ờ O U R O M B Y
Ờ L Y M I A Ố T I Ờ I O V W A Ạ
E O C Ể W Ộ T G S T T Ạ C L E H
E T Ó O E Ề Ợ B E O M Ọ P H B C
T A T S Ợ N K M V G Ộ O L Ờ O A
Ở Ể H G M C A Ộ M I T B I Ê T C
S H Ể E E E Ọ Ờ Ơ V Ơ O I I Ế E
Ở H O Ể Ơ A Q H E E N W B Đ Ể T
Ở Ể H Ở F R C Ợ Ả Ẳ N T D U I E
U W H A M U Ố N R A E L O T Y Ợ
Ở X Y Ở D Ờ M A Ở Ờ O D Ơ H Ờ H
```

TO BE ABLE TO	CÓ THỂ
TO BUY	MUA
TO DANCE	NHẢY
TO GIVE	CHO
TO GO	ĐI
TO KNOW	BIẾT
TO LEARN	HỌC
TO LEAVE	RỜI ĐI
TO OPEN	MỞ
TO OWE	NỢ
TO PLAY	CHƠI
TO RUN	CHẠY
TO WALK	ĐI BỘ
TO WANT	MUỐN
TO WRITE	VIẾT

One of the greatures pleasures of travelling to another country is sampling the local cuisine. Study the word list below so you can order with confidence.

```
A Â Ô X Ỳ Ô K N S Y W T N E Ủ À
V Ứ Ứ H C Á L À X U A R O C Ì R
Ô Â T Ị H T I Ủ Ỳ Â T L U Đ D T
F R I C E O M G Ớ Ớ E A Ô O J E
A A B F E N D G N Ứ R T Ờ C G G
F O R R S H B I N Ố C L Ư R Ô G
K Ờ R U E U L Ộ G Ờ Ỳ D A L A S
T R G I T A Ư Â T T Ư M Ủ Ứ Ữ E
Á A À T Ỳ Â D Ữ A M Â Đ Ủ A W T
R T E Ố H C Ì Ô E Ơ Ì L C Ứ W A
O R U O L F P M M C Ơ H L T Ớ L
C Á D À Ổ A Ư H H Ỳ I N Ỳ A T O
R I J Ị S Ộ Đ Ờ Ô N Ỳ S N Ư Ớ C
E C A T Ố N Â A R M Á A N Ớ C O
I Â A Ỳ Đ V E G E T A B L E S H
T Y T X L U Ị Á Â E E I Ơ Ố E C
```

BREAD	BÁNH MÌ
BUTTER	BƠ
CHEESE	PHÔ MAI
CHOCOLATE	SÔ CÔ LA
EGGS	TRỨNG
FLOUR	BỘT MÌ
FRUIT	TRÁI CÂY
MEAT	THỊT
MILK	SỮA
PASTA	MỲ ỐNG
RICE	CƠM
SALAD	RAU XÀ LÁCH
SUGAR	ĐƯỜNG
VEGETABLES	RAU CỦ
WATER	NƯỚC

Want more? You have quite an appetite (for learning). Feast on this delicious buffet of mouth watering words.

```
E H A P T Á Ò Ầ S H Ă E T Ă N L
B A Ê Ữ E Ằ Ậ T Ữ Á B T A Ằ G R
Ê Ê Ự E Ữ P U O S D T M W C M D
R Ọ Q Ê L P S Ợ Ữ L Q Ợ A Ò U E
A A S D Ú Ữ Ú Ử A P T K À L Ố R
W Ư I Ầ E J A S C C E H B G I U
Ọ E T U T H Ị T H E O P N E C F
Ả T Z Ă O Y O G U R T O P H E Ọ
Ư Ữ R N S Ậ B I A E T O K E C R
Ử L E V T N Ư T L Ậ R Ị B I R E
U Y À Ầ Y Ò R I M K Ư E Á Ợ E E
Ư E A Ố B W M Ê Ú D E R N Ậ A S
H M M T Ữ I L U Ừ C T Ị H T M M
A H Ị E Ă N Ợ T A Ă G N Q Ị Ữ M
C H I C K E N K G N A V U Ợ Ư R
T B Á N H N G Ọ T Ị Ầ A Y S Á Ê
```

BEEF	THỊT BÒ
BEER	BIA
CAKE	BÁNH NGỌT
CHICKEN	GÀ
COOKIES	BÁNH QUY
HONEY	MẬT ONG
ICE CREAM	KEM
LAMB	THỊT CỪU
OIL	DẦU ĂN
PEPPER	TIÊU
PORK	THỊT HEO
SALT	MUỐI
SOUP	SÚP
WINE	RƯỢU VANG
YOGURT	SỮA CHUA

A fruit is the part of a plant that surrounds the seeds, whereas a vegetable is a plant that has some other edible part. Tomatoes, cucumbers and peppers are three examples of fruit that are often classified as vegetables.

```
L T O P O M E G R A N A T E Ệ E
D I E U V S Í L N H O X S Ở Ê W
Ụ U S Hứ I E T P À O Ấ V Ấ S A
N R U Í E N Ệ S À P V Ậ Đ B Đ S
S F M Ấ Ậ G D T E C A H D Ứ Ụ P
E E Nứ H Í N A Q À R E N Ậ M E
I P N O I A C A M U L P N A I O
R A Ụ O L H Ư Ứ R B Ẩ O A I H Ê
R Rơ P L E I D R O M T R F P C
E G G Ệ Đ E M I Â E T R Á I M Ơ
B G N D À T M Á L U V F À Ở A K
E R A T O C I R P A T J R Ư C À
U A G Â C À H T E Ụ A Â Ơ B I Ở
L P A U Ụ L I Á R T I S Y S Á Ở
B E Ư À Ê I E R S R A E P B R E
Ứ S D P S E I R R E B W A R T S
```

APRICOT	TRÁI MƠ
BLUEBERRIES	VIỆT QUẤT
EGGPLANT	CÀ TÍM
GRAPEFRUIT	BƯỞI
GRAPES	NHO
LEMON	CHANH VÀNG
MELON	DƯA GANG
ORANGE	TRÁI CAM
PEACH	ĐÀO
PEAR	LÊ
PINEAPPLE	TRÁI DỨA
PLUM	MẬN
POMEGRANATE	TRÁI LỰU
STRAWBERRIES	DÂU TÂY
WATERMELON	DƯA HẤU

There are more than 7000 different varieties of apples being grown around the world today. Check out our produce section below for some more fresh and tasty fruit.

```
W G Ú D Í A P Z D S O L Ú Ả N J A
F D Ô Ớ N Y U Ử U Á O L I O Ỏ N T
P Ư Ớ T T C E O T A M O T M A S G
U A W C C C Ớ L Đ N V Ỗ E N E I R
M V A H N T H Í L R Ò H A I F H E
P À I U S E B U Ỏ O N B R À N Ú E
K N E Ô E Ò Đ R Ô A W R C A Ớ C N
I G W N I H M I X N E P X Ú A R P
N Ả E G R Ô S H Ô B G G E N H E E
Ô Đ D Đ R Ò N A K X N V T P Ớ P P
G M Ư Ỏ E A H C U Ô M A À S P P P
N O À Đ H N A Ả U Q L Â Q N G E E
Í B G C C L A H Ò O S H M Ử G P R
B C Ỏ N B Ớ C A U H C À C I Ò D L
Ả I O Ư U T A P P L E E Â Í Á E E
U À R R Ớ S E I R R E B P S A R N
Q U Ả B Í N G Ò I Ổ U H C I Á R T
```

APPLE	TÁO
BANANA	TRÁI CHUỐI
BLACKBERRIES	TRÁI MÂM XÔI ĐEN
CANTALOUPE	DƯA VÀNG
CHERRIES	QUẢ ANH ĐÀO
FIG	SUNG
GREEN PEPPER	ỚT CHUÔNG XANH
LIME	CHANH XANH
PUMPKIN	QUẢ BÍ NGÔ
RASPBERRIES	PHÚC BỒN TỬ
RED PEPPER	ỚT CHUÔNG ĐỎ
SQUASH	BÍ ĐAO
TOMATO	CÀ CHUA
YELLOW PEPPER	ỚT CHUÔNG VÀNG
ZUCCHINI	QUẢ BÍ NGÒI

A 2013 study estimated that up to 87% of people in the United States do no consume their daily recommended portion of vegetables. Here is a list of vegetables that you should probably be eating more of.

```
T Ả L L Y R E L E C U T T E L E
Ả H À Y B Ấ Â C Ị G Ị W L K Ế O
N Ủ Đ Â Â E E P Ủ I A A N O Ô O
A O W T A T E O E H K R S H A E
Ậ C I G Ơ Đ I T N S À A L C À G
Ý Â T N Ắ C N A S C E N Ô I Ô A
L Ở Ả Ă O S X T O P A Â H T C B
I Ô Ủ M O U Đ O N H H R Ị R E B
Ỏ C D U Ậ G R E O C K V R A R A
Ơ À N Đ Ả A E S A Ơ N Ậ S O Đ C
S R Ơ Ấ U R T N L Â N Ậ C M T I
I Ố H D G A I P H C Ủ C Ả I Đ Ấ
A T I S Ô P Ú C N Ă O X I Ả C C
Z É R É S S U Ú Ú L I Ô L N Ằ P
P Ả O D C A U L I F L O W E R Ấ
Ơ Đ Ơ Â R H N A X I Ả C G N Ô B
```

ARTICHOKE	ATISÔ
ASPARAGUS	MĂNG TÂY
BEETS	CỦ CẢI
BROCCOLI	BÔNG CẢI XANH
CABBAGE	BẮP CẢI
CARROT	CÀ RỐT
CAULIFLOWER	SÚP LƠ
CELERY	CẦN TÂY
GARLIC	TỎI
GREEN PEAS	ĐẬU XANH
KALE	CẢI XOĂN
LETTUCE	RAU DIẾP
ONION	CỦ HÀNH
POTATOES	KHOAI TÂY
SPINACH	RAU CHÂN VỊT

There's no place like home. Below is a list
of words that are related to house and home.

```
T Ă Ê M A R Ò T Ả R G D N E H U
T M Ử M O O R G N I V I L H D Ể
D E Ô Ỏ O Ẩ S T Đ W H L Ư Ư À Ỏ
I Ử W M O O R D E B Ẳ A N Ờ H Ở
N E P I S D R I V E W A Y À N M
I P H Ò N G K H Á C H Ộ Ô Ử I G
N H Ò T L D M Ắ T G N Ò H P Á B
G Ò N N N Ò O Ỏ S A Ử C H N M Ã
R N G E Ă E Ờ W E K B À E E Ă I
O G B M O G M C I O N S H Ủ M C
O N Ế E D Ã N T Á G U W G L Ẳ Ỏ
M G P S I E C Ò R O O F A P H Ử
Ư Ủ M A F H B À H A Ò Ở R L G Ộ
N Ò Ờ B E O O T N P P Ử A N N V
Đ Ư Ờ N G V À O G A R A G S Ẳ E
O E E Ộ C T N H À Đ Ể X E Ô T Ô
```

APARTMENT	CĂN HỘ
BASEMENT	TÀNG HẦM
BATHROOM	PHÒNG TẮM
BED	GIƯỜNG
BEDROOM	PHÒNG NGỦ
DINING ROOM	PHÒNG ĂN
DRIVEWAY	ĐƯỜNG VÀO GARA
FENCE	HÀNG RÀO
GARAGE	NHÀ ĐỂ XE Ô TÔ
HOUSE	NHÀ Ở
KITCHEN	PHÒNG BẾP
LAWN	BÃI CỎ
LIVING ROOM	PHÒNG KHÁCH
ROOF	MÁI NHÀ
WINDOW	CỬA SỔ

It is estimated that one tenth of all furniture purchased in Britain comes from IKEA. Perhaps you have assembled a few of these items yourself.

```
S T A I R S C Ớ Ư N I Ò V O H Ú
F W C Ă S N Ệ H I T E A E U W T
N A I Ả T E P R A C A R Ă A O P
O I U M A Ủ E M W N T B S I H U
G S A C M M N B A N D H L Ò Ờ R
Ơ N W T E I A G È L I E N E B E
Ơ N A Ú R T N Đ Ă N T G L E Ơ Y
Đ Ă M H H U È G G N V Ú C I I R
I N U T T N C M P Ệ K A Ủ Ụ E D
Ở À U I M U A Y S O L É B N Ủ R
Ư B C E Ả C À I Ấ P O T O T Ặ E
S S A À H L N C E S Ú L Ấ Ở Ủ S
Ò Ư V I T H E R T H Y M P A D S
L À N Ụ T Ặ I G Y Á M Á P Ớ I E
Ả E G Ơ T F W Á Ò À Q E M Ả Ă R
Ấ B Ò N T Ấ M E N Ò Ò À Ư T H Ở
```

BATHTUB	BỒN TẮM
CARPET	THẢM
CHANDELIER	ĐÈN TREO
CURTAIN	TẤM MÀN
DRESSER	TỦ NGĂN KÉO
DRYER	MÁY SẤY
FAUCET	VÒI NƯỚC
FIREPLACE	LÒ SƯỞI
LAMP	ĐÈN
SWIMMING POOL	HỒ BƠI
STAIRS	CẦU THANG
TABLE	BÀN ĂN
TOILET	PHÒNG VỆ SINH
VACUUM	MÁY HÚT BỤI
WASHING MACHINE	MÁY GIẶT

Here is a list of some more common household items and modern conveniences. Search the grid for the words listed below

```
G Ệ P D I S H W A S H E R M Ầ O
S Ự Y N T S É À S Ư M I W F R O
U U Ơ Ạ Ầ E Ệ N N Á A M O E E I
A D Á N C R I B Y H Ô Q W E F E
T M E E G T T R C M L O Ồ Ử R M
Ủ Ệ G S E T Ử T G C H A C A I C
L N Ệ A K A Ủ N Ạ S L Á N R G Á
Ạ A Ớ O C M Ớ Q Ể U I O R G E I
N F E H R Ư E R U N Q O S E R G
H G É I N N C T Ô Ầ R B I E A Ố
A N Ô Ò Ể H G I Á C N É N O T I
L I L V I Ó H K G N Ồ Á K R O M
L L Ủ M I O Ồ Ầ P I L L O W R C
W I N H Ò Ơ V N O D Ạ S L G S X
A E É Ò Ồ A Ư E Ệ C O À Ô Ơ Ò Ệ
Y C Ệ I V M À L N À B Ò N R Ử A
```

CHAIR	CÁI GHẾ
CEILING FAN	QUẠT TRẦN
CHIMNEY	ỐNG KHÓI
CLOSET	TỦ QUẦN ÁO
CRIB	CÁI NÔI
DESK	BÀN LÀM VIỆC
DISHWASHER	MÁY RỬA CHÉN
HALLWAY	HÀNH LANG
MATTRESS	NỆM
MIRROR	GƯƠNG
OVEN	LÒ NƯỚNG
PILLOW	CÁI GỐI
REFRIGERATOR	TỦ LẠNH
SHOWER	VÒI HOA SEN
SINK	BỒN RỬA

Table setting etiquette dictates that the forks be placed on the left hand side of the plate and knives on the right. Here are some items that you might find on your table, probably in the wrong location.

```
I W H T O L C E L B A T L M À R
F Ư Õ J Á Ư W Y D Ì Ĩ A E Đ E À
H C Õ Đ E B A O H N Đ B E P T L
A Á H Ì N Ố I T B H U L P L N R
W I O M E C I Á H C E E A O Ổ I
O C U Ê Ố Á S Ố C Ó P S O Ĩ Ổ Ĩ
S Ố Ă H C I S Ă S Q G P L A T E
I C Ổ P Ợ N A Ợ O U S O O E S D
Ợ C M À Ì Ĩ L Đ M A N O O P S Y
E Ó Ổ C N A G N E I D N Ó E Ó L
Á Q Õ G Ổ Ă E T A F O R K B C Y
M U Õ N G Ă N S Ú P I T C H E R
C A I Ố U Đ I Ă S L K N Ì Ố T Ư
Ĩ I D U Ê S W À H A O I K I T Ợ
B E Ư M I G F S Á K L E N Ú N U
K H Ă N T R Ả I B À N G Ĩ Á Ĩ T
```

BOWL	CÁI BÁT
FORK	CÁI NĨA
GLASS	LY
KNIFE	DAO
MUG	CÁI CỐC CÓ QUAI
NAPKIN	KHĂN ĂN
PEPPER	TIÊU
PITCHER	BÌNH CÓ QUAI
PLATE	ĐĨA
SALT	MUỐI
SPOON	CÁI THÌA
TABLECLOTH	KHĂN TRẢI BÀN
TABLESPOON	MUỖNG ĂN SÚP
TEASPOON	MUỖNG CÀ PHÊ
WINE GLASS	LY RƯỢU

Time to get out the tool box and do some repairs on our vocabulary. Try to hammer a few of these words and their translations into you brain.

```
B F Ả R E V I R D W E R C S Ỏ Ẳ
Á Ộ Ú T R M U H Ề Ỏ O Ó Â I O Ì
Ì Ẳ T U U I U D D W H R Y G Đ Ì
B T Â N S E L I C N E P B Á I G
Ẻ Â Á N A I L Ỏ I M Ở Đ Ú E N T
Ễ N S W E O L Đ M S K W A A H N
E D A R M T H A D I I O H I Â Ì
Ề K W E E Ễ H K D R Z T O A Ỏ W
Ì D Ú N P I Ú Ư Y D I Í Ở W Ỏ C
R H T C A Q L S Ớ Á E L E V E L
Ễ C C H T Ả Ế P C C M R L M M T
A A Á T Í V U T I Á C T Ễ L Ỏ M
G Í I I Ú L T Ả H S Í U Ỏ Ớ O Í
Ễ Ì K Đ C B O L T V H W Ộ Ư H O
Ở H Ề T H Ư Ớ C C Â N B Ẳ N G E
A A M T Â H A Ố E Ư E P O Ì D I
```

BOLT	ỐC VÍT
DRILL	MÁY KHOAN
HAMMER	CÂY BÚA
LADDER	CÁI THANG
LEVEL	THƯỚC CÂN BẰNG
NAIL	ĐINH
NUT	ĐAI ỐC
PENCIL	BÚT CHÌ
PLIERS	CÁI KÈM
SAW	CÁI CƯA
SCREW	ĐINH ỐC
SCREWDRIVER	CÁI TU VÍT
TAPE MEASURE	THƯỚC CUỘN
WRENCH	MỎ LÊT

Globally there are 1.2 billion pairs of jeans sold annually. That is a lot of denim! Take a look at this list of other common articles of clothing.

```
D G Ấ Ắ Ớ Ừ N J N T Â Ủ L E S O
R Ă I O Ó Ạ T E Ề Ó G G Ớ Ả V Ầ
E N Â À D I K A M N N Ạ Ư E Đ Ớ
S G O O Y E Ù C Ò Ư Ạ Ấ S S Ó E
S T R O H S O Đ L Ỏ Ấ T L L À K
P A J A M A S T N H A I Ạ Ắ M H
Ò Y Á Ớ T Ắ Ấ Ư S Ầ T Q E V Ấ Ă
E E B O R H T A B Ỏ U T Ầ A À N
N E C K T I E G D Ầ R Q Á V È C
S F Y A T I À D N E L O Á I S H
P R A E L F K T T À G Ỏ L E A O
Ạ A A O E Ắ Â A W I O M O À U À
S C N Ầ B Y E N L X Ẩ H A T B N
G S Ử T D W Đ Ê Ư Đ S K C O S G
T Ò N À S E V O L G A Ầ Ư O E C
R Ầ I À O G N G N À O H C O Á Ỏ
```

BATHROBE	ÁO CHOÀNG TẮM
BELT	THẮT LƯNG
COAT	ÁO CHOÀNG NGOÀI
DRESS	ĐẦM LIỀN
GLOVES	GĂNG TAY
HAT	NÓN
NECKTIE	CÀ VẠT
PAJAMAS	ĐỒ NGỦ
PANTS	QUẦN TÂY DÀI
SCARF	KHĂN CHOÀNG CỔ
SHOES	GIÀY
SHORTS	QUẦN ĐÙI
SOCKS	VỚ
SWEATER	ÁO LEN DÀI TAY
VEST	ÁO GI LÊ

More than 2 billion t-shirts are sold each
year! How many of these other items can be
found in your closet?

```
À V Á Y T D É P X Ă N G Đ A N A
D Đ Ò L S B O O T S N I T Ă R U
S Ồ B N S K Á O S Ơ M I Ơ B Ò Đ
R N N M G N I Ố B E F V C Ê A Ò
E G Ầ U Ả T Ờ R I Â Ò H L T W L
D H U U E O A T T N Á M O I T Ó
N Ò Q Ả Q C W Y G H O R T U I T
E Đ Ó R E O A Đ S C N R H S Ơ W
P E J L B Ổ E L Ò Y G Ò I W F Á
S O E O C O A Đ K Ò Ự Ó N I E É
U T A Ơ C D Ộ B Y C C I G M T E
S A N Ổ N B Đ N O Â E N Á S E Ò
Ọ Y S A R A E W R E D N U U Ê H
Ồ Ả S H I R T Ò G N Ổ Y À I G M
R À Z Ê E I W R I S T W A T C H
Ă Ă À Á Đ I Ầ L Ơ À Ổ O Ơ Ự Ó Y
```

WRIST WATCH	ĐỒNG HỒ ĐEO TAY
BOOTS	GIÀY ỐNG
BOW TIE	NƠ CỔ
BRA	ÁO NGỰC
BRACELET	VÒNG TAY
CLOTHING	QUẦN ÁO
JEANS	QUẦN BÒ
NECKLACE	VÒNG ĐEO CỔ
SANDALS	DÉP XĂNG ĐAN
SHIRT	ÁO SƠ MI
SKIRT	VÁY
SUIT	BỘ ĐỒ COM LÊ
SUSPENDERS	DÂY ĐEO QUẦN
SWIM SUIT	ĐỒ BƠI
UNDERWEAR	ĐỒ LÓT

The majority of people take less than half an hour to get ready in the morning. Some can be ready in less than 5 minutes, whereas some take over an hour. Here is a list of things that might be a part of your morning routine.

```
B D A O C Ạ O E T S A P H T O O T
D À Ò Q T H M Ù Ớ Ệ K Ể S Ắ L T R
À A N Ả H U Ỉ Ă Ợ Í Á E U T I Ô A
U G Ộ C F S M N N Ă S M R Ì P Ô N
G Ộ N R H A S H H N Í E B O S Ử G
Ọ À E Ệ E Ả Á O E A Y Ò H Ô T T Đ
I P G I I P I L L R K S T C I N I
Đ A H N T M T Đ D F A H O Ử C A Ể
Ả O N R Ă C C R Á W L N O Ó K R M
U S Ò Ư A R I Ú H N D A T A N O T
Ô N E T Ớ A H T S I H Y T Ă Ộ D F
G H N Ấ H C U N T C Ấ R S N Ả O Ớ
R O Z A R O H I Á S Ớ O Ă U E E Ú
C S H A M P O O Y Đ N Ư X N W D L
O X À B Ô N G Á A M M Ả N Ò G R Ư
M Ệ Ò Ử E Ọ M E Ô P U E K A M T Ợ
B E I R F T Ú I Ù M Ử H K T Ấ H C
```

COMB	LƯỢC
CONDITIONER	DẦU XẢ
CONTACT LENSES	KÍNH ÁP TRÒNG
DENTAL FLOSS	CHỈ NHA KHOA
DEODORANT	CHẤT KHỬ MÙI
HAIR DRYER	MÁY SẤY TÓC
LIPSTICK	SON MÔI
MAKEUP	TRANG ĐIỂM
MOUTHWASH	NƯỚC SÚC MIỆNG
PERFUME	NƯỚC HOA
RAZOR	DAO CẠO
SHAMPOO	DẦU GỘI ĐẦU
SOAP	XÀ BÔNG
TOOTHBRUSH	BÀN CHẢI ĐÁNH RĂNG
TOOTHPASTE	KEM ĐÁNH RĂNG

Places to go and people to see. Here are some places that you might visit around town.

```
Ứ Ô A S S N Ệ I V H N Ệ B O U Ử Ạ
S Ộ Ộ P O S T O F F I C E A Ợ B X
C H Ẳ N F F U N S A Ó Ạ Ó Ắ Ử À Z
H O Ỏ Ị O H F T E C R H À U R T Ậ
O S H S G I A I Ọ M H M Đ L N T Ẻ
O P U À C D T H C C T I H N Á S Ê
L I Ứ P I S G A Á E Ệ R O H U U V
M T C U E N Á B T N A I A O Q I Ă
U A M Â Ờ R G Ả E S T Ử H P Ệ Ạ N
E L Ạ Ử Y N M À O A N T L N E A P
S Ă R I À C T A T Ị H I B E I D H
U T T H T F Ầ S R G H Ả A R X Y Ò
M Ử A Ả Ò Ộ E U I K O T P R D A N
Đ Ử Ợ Ả N R F L B T E O U Ờ T B G
C E G D I R B Â À A R T P Ê Z N Ộ
W Ó N F E N Ô N G T R Ạ I W I Â Đ
H Ả I Đ Ă N G N Ộ Đ N Ậ V N Â S S
```

AIRPORT	SÂN BAY
BAR	QUÁN RƯỢU
BRIDGE	CÂY CẦU
DEPARTMENT store	CỬA HÀNG BÁCH HÓA
FARM	NÔNG TRẠI
FIRE STATION	TRẠM CỨU HỎA
HOSPITAL	BỆNH VIỆN
LIGHTHOUSE	HẢI ĐĂNG
MUSEUM	VIỆN BẢO TÀNG
OFFICE	VĂN PHÒNG
POST OFFICE	BƯU ĐIỆN
SCHOOL	TRƯỜNG HỌC
STADIUM	SÂN VẬN ĐỘNG
SUPERMARKET	SIÊU THỊ
TRAIN STATION	GA XE LỬA

The weekend is finally here. Where to you feel like going tonight? Here are some more places you can visit.

```
N P O L I C E S T A T I O N C U Q
F J Ô T Á S H N Ắ C N Ò Đ Y Ả Y Ả
A P S G N A R T A Ĩ H G N Ô T Â Ử
Ê E T H E A T E R O B R A H I T Ệ
R Ạ P H Á T R S O P H A R M A C Y
N Q B Y Á O G U T Ư Ắ C I O O Ố F
 Â H U H T N T O A O Y Ư Ả F Â U Ư
T Ả À Á À I T H Y T R R F L K H I
P H P H N Ư S A Ư R S E A H N T À
N E A N À C N R A V E E O R A M Đ
Ô Ử R Ạ G N À E E S I T R Ạ B Ệ U
C V K S N Â G P H V E Ệ E Ẩ Đ I Â
A Á Ĩ H Ả Ô N O H L I H N M Ĩ T L
S T E C C T P H N Ê A N I Ê E Đ U
T I T Á I Â Ư Đ À Q A P U Đ S C A
L E Ệ H Ả N Ố H Ờ N Ê I V G N Ô C
E Ĩ N K H T R Ư Ờ N G Đ Ạ I H Ọ C
```

BANK	NGÂN HÀNG
CASTLE	LÂU ĐÀI
CEMETERY	NGHĨA TRANG
COFFEE SHOP	QUÁN CÀ PHÊ
HARBOR	HẢI CẢNG
HOTEL	KHÁCH SẠN
LIBRARY	THƯ VIỆN
OPERA HOUSE	NHÀ HÁT
PARK	CÔNG VIÊN
PHARMACY	TIỆM THUỐC TÂY
POLICE STATION	ĐỒN CẢNH SÁT
RESTAURANT	NHÀ HÀNG
STORE	CỬA HÀNG
THEATER	RẠP HÁT
UNIVERSITY	TRƯỜNG ĐẠI HỌC

Road trip time! Hop in your car, turn up the music and hit the open road. Make sure you study this list of road worthy translations before heading out.

```
Ạ T B M O T O R C Y C L E I R P
L O E R N Ạ N I A T Á L Ô Ả Ế T
H L Ậ Đ M O F G I T I H Ạ T E Ý
G G T Ể Ư F I B I B V Đ Ỗ E Ô U
A N N H A Ờ U T O S Ư À R X G B
S I Ừ R G S N M A Ờ P T O N I E
O K T D S I O G N T S O Ô B A X
L R W T O T L G M Y S H T U O M
I A O Ý U Á N C A Ộ T S Ã S T Ạ
N P Y A Ề Ă B W I O T X A S H R
E D I Á X A E N A F T C Ă G Ô T
Y A Ã M M N T I Ế Ả F L H N N T
D O Ạ E O E G Ọ Ờ I C A Đ I G H
Ý R O L À N X E N È B N R A Ề T
T Ậ À A È U A C C I D E N T Ã U
B Ã I Đ Ậ U X E B U Ý T R U C K
```

AUTOMOBILE	Ô TÔ
ACCIDENT	TAI NẠN
BUS	XE BUÝT
BUS STOP	TRẠM XE BUÝT
GAS STATION	TRẠM XĂNG
GASOLINE	XĂNG
LANE	LÀN XE
MOTORCYCLE	XE MÁY
ONE-WAY STREET	ĐƯỜNG MỘT CHIỀU
PARKING LOT	BÃI ĐẬU XE
ROAD	ĐƯỜNG
STOP SIGN	BIỂN BÁO DỪNG
TRAFFIC LIGHT	ĐÈN GIAO THÔNG
TRAFFIC	GIAO THÔNG
TRUCK	XE TẢI

There are many interesting ways of getting from A to B. Which mode of transportation will you choose?

```
Ả Ữ T M Đ Ý X E C Ứ U H Ỏ A M Ệ
Ă G T Á S H N Ẳ C E X Ỏ À I Á A
E N À Y G T T F S O M F Ứ R Y Ư
N Ơ U B S Ẳ F U I Ầ E B A P B Ơ
I Ư Đ A Ủ Á B A G R Ề C O L A Ẩ
R H Ệ Y M L Y N R N E À L A Y Ạ
A T M E O B N Y I C È T Ử N T Ề
M U K O B Ệ U A I K R Y R E R Ý
B Ứ H Đ I Ầ R L N A F E U U Ụ O
U C Í Đ C T O A A Ă Ự F V H C C
S E E Ụ Y P T À U N G Ẩ M O T K
U X Ạ W C R E T P O C I L E H X
B N Ạ E L Ư À R T H I E Ỏ Ỏ Ă U
W Ứ D T E O N A C Ẳ À E F E N Ò
A Ử L E X P Ạ Đ E X E T Ă N G N
Y X E B U Ý T C Ủ A T R Ư Ờ N G
```

AIRPLANE	MÁY BAY
AMBULANCE	XE CỨU THƯƠNG
BICYCLE	XE ĐẠP
BOAT	THUYỀN
CANOE	XUỒNG
FERRY	PHÀ
FIRE TRUCK	XE CỨU HỎA
HELICOPTER	MÁY BAY TRỰC THĂNG
HOVERCRAFT	TÀU ĐỆM KHÍ
POLICE CAR	XE CẢNH SÁT
SCHOOL BUS	XE BUÝT CỦA TRƯỜNG
SUBMARINE	TÀU NGẦM
SUBWAY	XE ĐIỆN NGẦM
TANK	XE TĂNG
TRAIN	XE LỬA

Here are some popular languages from around the world. Maybe you already know one or two of them.

```
I A A H N N A B Y Â T G N Ê I T Ứ
Ạ S Â E E G E R M A N A E R O K Ế
Ỏ P L N E S E U G U T R O P C I A
H A T G A G E G W I Ò A T R T Ệ A
T N I L Y L P M Ê N A I S S U R H
N I Ế I B Ậ A N A N Ê Á Â Ệ Ả P N
A S N S Ạ A G B I N O T A O Á O O
U H G H C D A T G T T T Ò H H T À
Q R A D O Ý A H I N I E P Đ C I Đ
G I N T G L Y Ế I Ê Ê G I Ứ N Ê Ò
N M H N I L N R N Ứ N I E V E N B
Ê Á Ế A Ạ G A G P Ế G G T I R G G
I I N P N D Đ O I I Ả R N A F V N
T Ý S G N Ứ L T W E R B E H G I Ế
E M A A C I B A R A Ậ Ỗ I E Ầ Ệ I
E J M T S E S E N A P A J Ệ K T T
À D Đ H Ứ T I Ê N G H À N Q U Ố C
```

ARABIC	TIẾNG Ả RẬP
ENGLISH	TIẾNG ANH
FRENCH	TIẾNG PHÁP
GERMAN	TIẾNG ĐỨC
GREEK	TIẾNG HY LẠP
ITALIAN	TIẾNG Ý
JAPANESE	TIẾNG NHẬT
KOREAN	TIẾNG HÀN QUỐC
MANDARIN	TIẾNG QUAN THOẠI
POLISH	TIẾNG BA LAN
PORTUGUESE	TIẾNG BỒ ĐÀO NHA
RUSSIAN	TIẾNG NGA
SPANISH	TIẾNG TÂY BAN NHA
HEBREW	TIẾNG DO THÁI
VIETNAMESE	TIẾNG VIỆT

Statistics suggest that the average person may change careers 5-7 times in their lives.
Thinking about a change? Why not try one of these great professions?

```
T S I R T A I H C Y S P ' Ộ T P
H T C E T I H C R A Ứ Ư A B Ể Í
Ợ E Ỹ T Ý L M Â T Ĩ S C Á B S R
Đ A N H Á N A A Í C Ộ C U Ứ R E
I C D G Ú S G Ỏ Ú Đ S Ẳ G Đ O C
Ệ H I I I Á H R H Ĩ Đ I R C T I
N E E F Ễ N T N L U Á Ú Á A C F
T R Ư E U N E G ' O Ứ D G R O F
O S N R Ễ R V E V A ' C R P D O
L Ú S I H C R I R R C Ư H E Ĩ E
I E K F Â S Ê E Ê Ợ Ợ S N N Á C
P H I C Ô N G E Y N C T Ư T Í I
S T H Ợ M Ộ C Ý T W I Ậ E E Ư L
E E Ỏ A K Ỹ S Ư Á S A U T R G O
F Ỹ N A I C I R T C E L E P T P
B Á C S Ĩ N H A K H O A C T O R
```

ACTOR	DIỄN VIÊN
ARCHITECT	KIẾN TRÚC SƯ
CARPENTER	THỢ MỘC
CHEF	ĐẦU BẾP
DENTIST	BÁC SĨ NHA KHOA
DOCTOR	BÁC SĨ
ELECTRICIAN	THỢ ĐIỆN
ENGINEER	KỸ SƯ
FIRE FIGHTER	LÍNH CỨU HỎA
LAWYER	LUẬT SƯ
NURSE	Y TÁ
PILOT	PHI CÔNG
POLICE OFFICER	CẢNH SÁT
PSYCHIATRIST	BÁC SĨ TÂM LÝ
TEACHER	GIÁO VIÊN

What did you want to be when you were growing up? Was it one of these professions?

```
K E T T N A I C I T I L O P P À R
Ó Ê T A H Ũ I M U S I C I A N U E
Ủ N T E I Ợ Y G T S I T R A Ứ Ê H
T H H O L Ế S T Ị Á D A N C E R C
H Ạ D Â Á H Ợ Ủ Ư R M Ơ P P Ĩ W T
Ợ C C Ơ N N T Ạ A E T Ấ M S Á Ị U
C S Ọ C S V V Ả D Ổ C H Ệ Ũ H Ồ B
Ơ Ĩ H Ó I Â I I Ế N N H N T O A S
K I A T Ư N C Ê Ê R G G N Í R T C
H G O T A Ự A I N N E Á N B H L I
Í I H Ớ L I V H Ô B B B E Ư Ự C E
D Á K H T N L C C I Á R M C Ớ Ơ N
Ê O À Ợ Â Ớ Ũ O Ờ E Ọ N S U Ê C T
I S H H À V Ĩ Ư R Ợ M Ĩ H A L Ứ I
Ê Ư N T E N G R O S S E F O R P S
Á E Ạ A F N J A C C O U N T A N T
H G Y A M Ợ H T S I R O L F Ớ Ư Á
```

ACCOUNTANT	KÊ TOÁN VIÊN
ARTIST	NGHỆ SĨ
ATHLETE	LỰC SĨ
BARBER	THỢ HỚT TÓC
BUTCHER	NGƯỜI BÁN THỊT
DANCER	VŨ CÔNG
FLORIST	NHÂN VIÊN BÁN HOA
MECHANIC	THỢ CƠ KHÍ
MUSICIAN	NHẠC SĨ
PARAMEDIC	NHẪN VIÊN CẮP CỨU
PLUMBER	THỢ SỬA ỐNG NƯỚC
POLITICIAN	CHÍNH TRỊ GIA
PROFESSOR	GIÁO SƯ
SCIENTIST	NHÀ KHOA HỌC
TAILOR	THỢ MAY

There are thousands of unique and challenging careers out there to choose from. See if you can locate the following careers in the grid below.

```
Ư E S D T S I L A N R U O J M H Ĩ
T F Ư T P H A R M A C I S T Â S Í
E Í D Í Ý Ú Ô L E S Í V O R C R Á
Ư Í Đ N Ị U G N Đ N E Á Ô Ợ Ê E T
H R R J Ở Ê B I G T E B Ư H I D Ị
T E M E Ĩ Ư H E E D Á D C Ễ D N R
A V B W I N V R X C Ị A R O X E R
Ư I U E Í D I M S Ê H C N A I T O
Đ R S L N N L Ĩ À P X Ô H R G R T
I D D E A H T O N L N I R V E A A
Ờ I R R À H À Ê S G I A À Ế I B L
Ư X I Â Ú N I B D W C Ờ A T C Ê S
G A V Y F V O Â Á L Ờ Ợ Ư Ú I Ị N
N T E S N Ý N Ô I O A A R G Í R A
Í Ê R Â Ư I X A T É X I À T N N R
O T H Ợ K I M H O À N Â D Ư G N T
Ờ N A M R E H S I F A R M E R C F
```

BARTENDER	NHÂN VIÊN PHA CHẾ
BUS DRIVER	TÀI XẾ XE BUÝT
FARMER	NÔNG DÂN
FISHERMAN	NGƯ DÂN
GARDENER	NGƯỜI LÀM VƯỜN
JEWELER	THỢ KIM HOÀN
JOURNALIST	NHÀ BÁO
MAIL CARRIER	NGƯỜI ĐƯA THƯ
PHARMACIST	DƯỢC SĨ
SOLDIER	LÍNH
TAXI DRIVER	TÀI XẾ TAXI
TRANSLATOR	THÔNG DỊCH VIÊN
VETERINARIAN	BÁC SĨ THÚ Y

In 2015, the New Horizons spacecraft successfully completed the first flyby of dwarf planet Pluto. There is still so much to see and explore in our own solar system. Here are some key words from our celestial backyard.

```
Đ N U S C O M E T Ê S E O Ố G T
H Ặ R S A O H Ỏ A O A S A I M Ẫ
F Ố T U Y O I Ỏ H C O A S R E Ả
Ặ Ả V N R E T A R C K O T Ệ T S
S Ắ E A U I M H Ư H I M E Ư S H
A Ờ N R C A Ờ Ệ Ổ À M Ộ R A Y H
O Ê U U R H R R M N Y C O D S L
D D S S E Ệ Ạ E T H E H I O R E
I I E A M Ủ Ẳ M T T Ẩ D D T A C
Ê Ờ Ờ O O S Ặ R E I Ặ P U E L Ặ
M Ê O R A T Á E V N P M E E O L
V N L T T I H Ư U H U U Ệ Ạ S P
Ư M U R Đ T Ơ Ủ Ặ N Ê T J H L Ờ
Ơ R Ă Ấ S N Ạ D Y H I R P U M Ê
N N T N G Ổ À M S Ỏ A Ỏ T E E Ạ
G G N Ơ Ư V N Ê I H T O A S N Ờ
```

SOLAR SYSTEM	HỆ MẶT TRỜI
MERCURY	SAO THỦY
VENUS	SAO KIM
EARTH	TRÁI ĐẤT
MOON	MẶT TRĂNG
MARS	SAO HỎA
JUPITER	SAO MỘC
SATURN	SAO THỔ
URANUS	SAO THIÊN VƯƠNG
NEPTUNE	SAO HẢI VƯƠNG
PLUTO	SAO DIÊM VƯƠNG
SUN	MẶT TRỜI
CRATER	HỐ VA CHẠM
ASTEROID	HÀNH TINH NHỎ
COMET	SAO CHỔI

Here are some musical instruments to get your foot tapping and your hands clapping.

```
Ơ Đ K È N T R U M P E T O K D Ĩ
I M K È N T Ú I S D R Ó E È Đ Ò
Ò S Ẳ F N H Đ A T Ổ Á N P N P Ú
P H N C Ò H X À N È O G H T À Ạ
D A Ố C G O A G N H L S O U Đ Ư
R R Ằ N P N L R P V L Á N B M W
U M T H T Ụ Ơ O M G Ĩ O G A U M
M O O E C Á X Ư N O R C C T N D
S N L L P A M Ổ D A N C Ẳ R U Ụ
E I Ạ L S M R B T N O I M M I Z
P C A N E T U I O R À È C Ạ O C
I A È D D C U R D U Ụ Đ Đ A N Ạ
P K Đ À N G H I T A R E P R A H
G T R O M B O N E B V I O L I N
A C E K È N T R O M B O N Ụ P À
B I E I Ạ A B U T F L U T E I Đ
```

ACCORDION	PHONG CẦM
BAGPIPES	KÈN TÚI
CELLO	HỒ CẦM
DRUMS	TRỐNG
FLUTE	ỐNG SÁO
GUITAR	ĐÀN GHI TA
HARMONICA	KÈN HARMONICA
HARP	ĐÀN HẠC
PIANO	ĐÀN DƯƠNG CẦM
SAXOPHONE	KÈN SAXOPHONE
TAMBOURINE	TRỐNG LỤC LẠC
TROMBONE	KÈN TROMBON
TRUMPET	KÈN TRUMPET
TUBA	KÈN TUBA
VIOLIN	ĐÀN VĨ CẦM

This puzzle might make you happy, angry, or maybe even a little confused. See if you can complete this very emotional puzzle by finding all of the words in the grid.

```
E M B A R R A S S E D G T Ộ V C
Ở X N C O F N Ồ H C N Ồ B P Ê W
R T C Á O C H H Ồ Ù Ẩ Á U C E Ả
T N Ê I H N C Ạ G N L N B Ả A R
Ồ E Ộ I T C F N N O I T O M E Ẩ
E D E Ở Ả E I U L H À Ạ R X S À
S I R H D Ạ D Ẩ S E P S E Ú Á H
L F I K G Ẩ N I B E Ợ H D C M E
A N R N F G Ồ Ố Á H D T Ú W N T
T O S Ẩ T O U R Ã I D Ự O C Ự E
Á C A H G À B I O U Ạ R S T Y Ồ
H A P P Y H Ú Ố À Ê R C I R H Ê
N O A R B Ự C B Ộ I A N G R Y D
Ợ Ở V L O T Ẩ N E R V O U S E A
E Ự O N O U Ạ D E S I R P R U S
E F Ộ H Ẩ Ộ D D V E Á Ù Y Ù Ê G
```

EMOTION	CẢM XÚC
HAPPY	HẠNH PHÚC
SAD	BUỒN
EXCITED	PHẤN KHỞI
BORED	CHÁN
SURPRISED	NGẠC NHIÊN
SCARED	SỢ HÃI
ANGRY	BỰC BỘI
CONFUSED	BỐI RỐI
WORRIED	LO LẮNG
NERVOUS	BỒN CHỒN
PROUD	TỰ HÀO
CONFIDENT	TỰ TIN
EMBARRASSED	NGẠI NGÙNG
SHY	NHÁT

If you are feeling any symptoms of the following conditions it might be time to visit the doctor. When you are feeling better the words below are waiting to be found.

```
J Á C L Å G N Ứ Ị D Z C I S L W
Ệ Ỵ Y Ẳ H C U Ê I T H N Ệ B W Ỵ
B U Ú N T Ầ H A T Ẳ F S N Ư Ư G
Ệ Q K A Đ Ú B I Y E L A A Ú Ũ Ệ
N T Ũ U Á E R M C U U Y B R W Ạ
H Ọ A S T M Á T Ú K R S T A G D
T Đ E E N U I S Ộ C E Ó Á Ỏ Ú Ầ
I H S A M O H Đ P U S N H E T O
Ẻ D Ủ Ũ N F S H R M H G P K Ủ U
U I I Y E W Đ E Ó Ệ A C Ạ O Ứ E
Đ A Ộ V Đ S Ế O B D O R T R X Ạ
Ư R E S F Ậ H N Ạ L M Ắ C T E Ê
Ờ R Á H Ố Ệ U O D Ê E O Z S D D
N H I Ế M T R Ù N G U E Ế Ứ Ệ Ê
G E H C A D A E H G Q Ệ D H Ậ W
Ạ A L L E R G Y H Ế A H T M Ê Ẳ
```

ALLERGY	DỊ ỨNG
CHICKENPOX	THỦY ĐẬU
COLD	CẢM LẠNH
COUGH	HO
CRAMPS	CHUỘT RÚT
DIABETES	BỆNH TIỂU ĐƯỜNG
DIARRHEA	BỆNH TIÊU CHẢY
FEVER	SỐT
FLU	CÚM
HEADACHE	ĐAU ĐẦU
INFECTION	NHIỄM TRÙNG
NAUSEA	SAY SÓNG
NOSEBLEED	CHẢY MÁU MŨI
RASH	PHÁT BAN
STROKE	ĐỘT QUỴ

Study these maladies so you can develop a
healthy bilingual vocabulary.

```
Y  Ấ  T  V  Đ  A  U  T  I  M  A  M  H  T  S  A
S  S  C  O  Ã  N  G  N  Ơ  Ư  H  T  N  Ấ  H  C
C  Ú  P  Ư  Ỏ  T  B  U  R  N  R  E  B  B  S  Í
S  E  G  E  Ỏ  Ấ  Ỏ  Ỏ  Ạ  Ú  D  V  O  S  T  Q
R  K  N  U  L  S  N  N  N  I  S  N  E  Ú  O  H
Ỏ  C  Ơ  Ả  E  I  I  G  C  G  G  N  R  Q  M  U
L  A  Ư  Đ  Ử  A  P  C  F  G  I  I  U  N  A  B
D  T  X  A  T  H  A  E  Â  A  V  A  T  Ở  C  Ầ
Ể  T  Y  Ử  O  Ế  Ư  N  R  M  I  D  C  X  H  M
Ầ  A  Ã  N  A  P  V  G  Ễ  B  E  N  A  R  A  T
Ử  T  G  U  B  A  I  I  Ị  Y  I  Q  R  I  C  Í
R  R  Í  A  U  M  H  I  R  A  U  Ẩ  F  Ầ  H  M
E  A  Ế  Đ  A  N  Ơ  B  R  U  I  S  E  Ử  E  U
R  E  Ư  E  Đ  A  Đ  P  I  Ở  S  H  N  Ệ  B  M
Ư  H  Y  N  I  E  S  U  M  E  A  S  L  E  S  P
T  I  Ầ  G  N  O  I  S  S  U  C  N  O  C  H  S
```

ACCIDENT	TAI NẠN
ASTHMA	HEN SUYỄN
BRUISE	BẦM TÍM
BURN	BỎNG
CONCUSSION	CHẤN THƯƠNG NÃO
EPILEPSY	TRÚNG PHONG
FRACTURE	GÃY XƯƠNG
HEART ATTACK	ĐAU TIM
MEASLES	BỆNH SỞI
MIGRAINE	ĐAU NỬA ĐẦU
MUMPS	QUAI BỊ
SPRAIN	BONG GÂN
STOMACH ACHE	ĐAU BAO TỬ
VIRUS	NHIỄM VI RÚT

Here are some basic questions and terms that you might hear frequently used in any language. Why? Because. Find these questionable terms and phrases below.

```
Ò Ẻ G N Ô H K E Ỏ H K N Ạ B Ờ N
Đ W N T K Ì U D Á Ạ E B Ì W Đ R
Q A Ạ H H O W M U C H A À D Â U
A O U E I A H A T Ê O O H E U Ấ
Ư A Y Ạ N S O B O G I N L À O F
Đ D Ỏ R À I E O E T E H P B Y Q
U G À R O Ạ S M T C Â I N A E D
T I Ạ À Đ T Ì Ấ Â R A Ê E O R Q
K U E U R Ạ R Y O Ì A U E X A W
F E M Ê Ì Ế O G V I H F S A W B
O X E À T C Á I G Ì Z O W E O W
P U Ư W H Ạ Ở Ờ Y N A M W O H W
H Ê N T H B G R Á H Á E R E H W
T I S O S A E Ò T M W À N O O H
F Ế W H A T T I M E I S I T K Ô
I Ấ S O À N Ế H T Ư H N S S À Ì
```

BECAUSE	BỞI VÌ
HOW	NHƯ THẾ NÀO
HOW ARE YOU	BẠN KHỎE KHÔNG
HOW FAR	BAO XA
HOW MANY	BAO NHIÊU
HOW MUCH	BAO NHIÊU
WHAT	CÁI GÌ
WHAT TIME IS IT	MẤY GIỜ RỒI
WHEN	KHI NÀO
WHERE	Ở ĐÂU
WHO	AI
WHY	TẠI SAO

Table for two? Welcome to our Learn with Word Search restaurant. On the menu are the following helpful and delicious restaurant related words. Enjoy!

```
D I N N E R E T I A W G U Đ Ư N
A E P H Ò N G V Ệ S I N H Ố N Ơ
N O S H C N U L M G E Á A W A Đ
H C B S Ụ N Ă O E N A S I E Ơ A
S Ự T N E C O U I Ố T A Ũ B Ợ Ó
Á E S O È R V È F U Ệ Ữ M M Ợ H
C M I Ố T I T Ụ A S A B Ó U T Đ
H T L S Ị B T Ư N P È N N Ữ O E
R A E H T Á R I P A K E C Á Ó R
Ư R N P I T K E N H M T H L U È
Ơ Ị I I A P T H A Ơ Ự S Í L Ợ Đ
U W W Ữ A I H I Ă K Đ K N I R D
V Ơ B N Z Ợ V È O N F C H B D Í
A Q N E Ệ Ị Á G G H Ă A Ự E Đ R
N T R Á N G M I Ệ N G N S H I H
G E S R U O C N I A M O E T T N
```

APPETIZER	MÓN KHAI VỊ
BREAKFAST	BỮA SÁNG
DESSERT	TRÁNG MIỆNG
DINNER	BỮA TỐI
DRINK	UỐNG
EAT	ĂN
LUNCH	BỮA TRƯA
MAIN COURSE	MÓN CHÍNH
MENU	THỰC ĐƠN
NAPKINS	KHĂN ĂN
RESTROOMS	PHÒNG VỆ SINH
THE BILL	HÓA ĐƠN
TIP	TIỀN BOA
WAITER	PHỤC VỤ NAM
WINE LIST	DANH SÁCH RƯỢU VANG

53

After that delicious meal it is time to head back to the hotel and relax. Here is a list of hotel words that might help give you a good night's sleep.

```
Á È O L M Ấ T N Ă H K E Ế Ư C P
O È E Ễ E Ạ N Â Ó Ắ N G N Ò H P
D Ễ E T Ụ W N Ý S O I Ề I Ò Ă M
Ề O Á Â Y R O G I Ư I V N L N D
G A N N N Ý E T I H Ì G I E I E
K N R O L C P P P N T Ò E T N B
H D Ò H T E H M A H T C A O T L
Á N N H C D À Ì Ễ P I E I H E A
C À I E P L I D A V T S R G R N
H Ừ R S G Ụ Ụ S R K I E A N N K
S Ă K N Ệ C V E T V H G L O E E
Ạ Đ Ừ E Ý V S H E U G Ó C I T T
N Đ Ó G Y M Y L C U R S A I O S
S N Â Â O Ị E Ấ L Ị Z B U Ấ T
P I Ạ O H T N Ệ I Đ D S È Ụ Ị Ừ
P È R O O M Ờ Ở A G N Ờ Ư I G E
```

BED	GIƯỜNG
BLANKETS	CHĂN
DO NOT DISTURB	ĐỪNG LÀM PHIỀN
GYM	PHÒNG THỂ DỤC
HOTEL	KHÁCH SẠN
INTERNET	MẠNG INTERNET
KEY	CHÌA KHÓA
LUGGAGE	HÀNH LÝ
RECEPTION	LỄ TÂN
ROOM	PHÒNG
ROOM SERVICE	DỊCH VỤ PHÒNG
SUITE	ĐIỆN THOẠI
TELEVISION	TI VI
TOILET PAPER	GIẤY VỆ SINH
TOWEL	KHĂN TẮM

Were you a good student? Here are some subjects that you may have studied long ago, or may be learning right now. Study these challenging subject translations.

```
T  G  U  N  E  P  H  I  L  O  S  O  P  H  Y  C
Ậ  N  Ữ  O  G  H  E  K  I  N  H  D  O  A  N  H
U  I  Đ  Ó  G  O  Y  Ữ  Ị  S  Ó  Ê  M  T  H  E
H  R  I  Q  U  R  Ạ  N  C  S  A  S  U  Ậ  Ữ  M
T  E  Y  G  O  L  O  I  B  T  H  S  S  U  O  I
Ỹ  E  H  T  E  C  M  Ạ  N  C  Ọ  E  I  H  B  S
K  N  S  E  E  O  Ọ  N  Ọ  G  C  N  C  T  H  T
P  I  Á  Ỹ  N  E  G  H  E  T  Ữ  I  Q  Ệ  N  R
H  G  N  O  S  I  Ý  R  H  A  W  S  H  H  X  Y
Y  N  C  H  T  L  C  L  A  N  G  U  A  G  E  S
S  E  N  O  T  N  Ị  I  A  P  I  B  O  N  U  E
I  R  E  Ậ  M  Ê  Ô  C  D  Ị  H  S  H  T  A  M
C  D  V  T  T  D  H  M  H  E  Đ  Y  K  T  E  Ý
S  T  R  I  Ế  T  H  Ọ  C  S  M  N  D  E  M  E
Â  A  T  E  C  N  E  I  C  S  Ử  A  Ô  E  C  Ý
Ỹ  Ị  Ọ  I  Ị  A  Y  H  Ọ  C  Ạ  H  N  M  Â  R
```

ART	NGHỆ THUẬT
BIOLOGY	SINH HỌC
BUSINESS	KINH DOANH
CHEMISTRY	HÓA HỌC
ECONOMICS	KINH TẾ HỌC
ENGINEERING	KỸ THUẬT
GEOGRAPHY	MÔN ĐỊA LÝ
HISTORY	LỊCH SỬ
LANGUAGES	NGOẠI NGỮ
MATH	MÔN TOÁN
MEDICINE	Y HỌC
MUSIC	ÂM NHẠC
PHILOSOPHY	TRIẾT HỌC
PHYSICS	VẬT LÝ HỌC
SCIENCE	KHOA HỌC

Math. Some people love it, and some people hate it. Add these words to your vocabulary and multiply your language skills.

```
Ỏ B P E R P E N D I C U L A R Ừ H
I T N O I T C A R T B U S N E C Q
O O G E O M E T R Y O Ở R Ừ Í I G
Ệ Á N L N R Ì Q G I Ệ O Í T Ộ Ớ N
Ẻ N Ộ É A R E L U R T A Ẻ Q Á T O
N H C P H Â N S Ỏ A M H X V N O S
Ẻ Ọ P M E Ì V P L Á T P M Â O D G
Ó C É V B R H U Y N H I H E I Á N
K Ở H É O É C T Ô Ừ O N O Ệ T O O
L Ừ P Ớ P L Í E Ơ N P I N N I I S
E H S C A N U N N É G T T S D Ă C
L T H C H P G M H T Í G I C D Ọ X
L I Ô N E T E P E C A V Ó S A Ẵ L
A Á Ộ Ừ R T P É H P I G Ệ C T R O
R C H Ì N H H Ọ C D Ẳ Ẳ E Ệ Ẳ E F
A T N O I T A C I L P I T L U M Ệ
P H É P T Í N H P H Ầ N T R Ă M R
```

ADDITION	PHÉP CỘNG
AREA	DIỆN TÍCH
ARITHMETIC	TOÁN HỌC
CALCULATOR	MÁY TÍNH
DIVISION	PHÉP CHIA
EQUATION	PHƯƠNG TRÌNH
FRACTION	PHÂN SỐ
GEOMETRY	HÌNH HỌC
MULTIPLICATION	PHÉP NHÂN
PARALLEL	SONG SONG
PERCENTAGE	PHÉP TÍNH PHẦN TRĂM
PERPENDICULAR	VUÔNG GÓC
RULER	CÁI THƯỚC
SUBTRACTION	PHÉP TRỪ
VOLUME	THỀ TÍCH

It is estimated that globally there are over 100,000 flights per day. Here are some common airport related terms for you to learn while they try to find your lost baggage.

```
I  G  N  Ă  B  G  N  Ờ  Ư  Đ  Ọ  Ư  F  Á  Q  L
N  Ý  Ộ  U  S  E  C  U  R  I  T  Y  C  Ổ  N  G
T  R  O  P  R  I  A  Q  A  R  R  I  V  A  L  S
E  É  E  T  N  Ư  U  Ả  O  S  T  Ý  S  S  A  E
R  Q  Ờ  Ă  T  Ổ  Ư  P  E  S  Y  Ử  Â  Q  I  R
N  S  À  A  C  Ă  S  T  E  Y  A  W  N  U  R  U
A  H  Ố  N  I  S  E  M  G  T  B  H  B  Ố  C  T
T  Ả  Ộ  S  A  R  O  Ổ  A  H  Y  E  A  C  R  R
I  I  Á  P  M  D  R  K  G  N  Á  Ă  Y  T  A  A
O  Q  T  I  Đ  O  E  G  G  Á  M  H  Y  Ê  F  P
N  U  N  Đ  H  O  T  C  A  C  Ử  A  Đ  I  T  E
A  A  Ộ  Ế  F  À  Ử  S  B  T  E  K  C  I  T  D
L  N  G  F  Đ  É  N  Ả  U  Ấ  E  P  Â  N  Ử  Ờ
Ố  W  Á  À  É  A  O  H  Ộ  C  H  I  Ế  U  O  D
O  T  A  Ê  H  V  Ử  Á  L  Á  E  Ử  Á  D  N  G
Ử  A  I  E  Ệ  N  I  C  B  Ý  E  D  Ệ  D  Ử  R
```

AIRCRAFT	MÁY BAY
AIRPORT	SÂN BAY
ARRIVALS	CỬA ĐẾN
BAGGAGE	HÀNH LÝ
CUSTOMS	HẢI QUAN
DEPARTURES	CỬA ĐI
DOMESTIC	QUỐC NỘI
GATE	CỔNG
INTERNATIONAL	QUỐC TẾ
PASSPORT	HỘ CHIẾU
RUNWAY	ĐƯỜNG BĂNG
SECURITY	BẢO VỆ
TAKEOFF	CẤT CÁNH
TERMINAL	NHÀ GA
TICKET	VÉ

Farming has existed since 10,000 BC. If you work on a farm, or just like eating food, here are a some farm words for you harvest.

```
Đ F Ấ Đ Ô K I Â H I P I H À Ợ Â
Đ N E K C I H C U N À Ê O Ố R Ị
Ấ Đ A U M O Ỏ Ừ Ợ Ừ W Ừ Ò Ự I Y
T K D M C O N V Ị T C O N D Ê E
T O C Ừ U C O N À À D N C Â E E
R E M R A F P I G Y C O O R H L
Ò Ự G À T Â Y X É Ự N W N C L O
N Ô N G D Â N W Đ L A Ấ L K R É
G C Ỏ O Â Ò B O Ừ S Ị L Ợ Ô E K
T R R G E M B A X M U Ố N S T Y
R O T C A R T X Ố B L R R H S Á
Ợ P À L N U T I A Ự S O O E O M
T S G W R À R B Â C H Ợ M E O A
A R Đ K Ô Â V O F H T Ị Ò P R J
O Ừ E É Ê Ô Ò É Ừ Đ Ừ O Đ Ò G W
G Y T Đ Ô Ô D Ò W P S Ê Ò Ố C M
```

BULL	BÒ ĐỰC
CHICKEN	GÀ
COW	BÒ
CROPS	ĐẤT TRỒNG TRỌT
DONKEY	CON LỪA
DUCK	CON VỊT
FARMER	NÔNG DÂN
GOAT	CON DÊ
HORSE	CON NGỰA
LAMB	CỪU CON
PIG	CON LỢN
ROOSTER	GÀ TRỐNG
SHEEP	CON CỪU
TRACTOR	MÁY KÉO
TURKEY	GÀ TÂY

Time to get out there and experience all there is to see. How do you prefer to explore a new city? Try exploring these highly rated sightseeing words.

```
H C Í T N À T S I R U O T O Ả T Ô
N Ẫ D Ỉ H C G N Ả B E H A I Ệ P N
Ò Ả L Ậ Ê Ư T H Ả F Ô S Q Ả M D Ả
E G A Q Ệ Ậ Ớ N C N D U N Á Ị S K
C N Ồ T S H Đ N G Ị À U Y I Á D R
A À A I G Ồ G T G L L Q K C U I A
M T R T E U I N Ư D U U H H N R P
C O T E O N I U M A Ẫ H D F Á E Ỷ
O Ả G R V U N D Y Ã Ư N O M N C S
R B A O A I R C E Ớ L R V À Ể T H
D N L R Ệ C À G N B M N U I N I Ỉ
E Ệ L M E M T G U A O T Ẻ E Ê O Đ
R I E Ê T M D I T I Ỉ O M I H N R
A V R A D Ẫ A I O Đ D U K P R S Ị
M Á Y Ả N H O C Ể N N E A P Ể T A
Đ Ồ S R I N E V U O S M U E S U M
Đ À I K Ỷ N I Ệ M N Ê I V G N Ô C
```

ART GALLERY	TRIỂN LÃM NGHỆ thuật
ATTRACTIONS	ĐIỂM DU LỊCH
CAMCORDER	MÁY QUAY CẦM TAY
CAMERA	MÁY ẢNH
DIRECTIONS	BẢNG CHỈ DẪN
GUIDE BOOK	SÁCH HƯỚNG DẪN
INFORMATION	THÔNG TIN
MAP	BẢN ĐỒ
MONUMENTS	ĐÀI KỶ NIỆM
MUSEUM	VIỆN BẢO TÀNG
PARK	CÔNG VIÊN
RUINS	TÀN TÍCH
SOUVENIRS	QUÀ LƯU NIỆM
TOUR GUIDE	HƯỚNG DẪN VIÊN du lịch
TOURIST	DU KHÁCH

Time to hit the beach for some sun, sand and surf. Below you will find a list of warm beach related words.

```
O  N  H  Â  N  V  I  Ê  N  C  Ứ  U  H  Ộ  S  Ô
U  Í  G  U  Ư  I  R  A  Ô  Ơ  Ạ  Ó  H  E  H  D
W  Ở  S  N  Ẻ  I  B  Ờ  B  Ơ  I  L  Ộ  I  O  N
I  B  H  Ắ  Ơ  E  Ê  N  Ạ  Ạ  Ê  Ó  É  F  V  A
T  Ờ  U  L  A  Ư  S  U  N  G  L  A  S  S  E  S
T  Ạ  R  C  Â  R  D  R  A  U  G  E  F  I  L  I
F  Ấ  H  T  K  U  Ó  I  H  Ộ  V  N  Ạ  S  T  N
Ộ  Ê  M  C  T  E  Đ  A  Ạ  A  Ờ  Ó  U  L  S  Đ
C  Ứ  Ấ  H  Á  Ậ  T  À  W  Đ  Á  N  Ư  Ơ  A  Ẻ
S  Á  Ấ  G  N  I  M  M  I  W  S  Ớ  O  C  C  Đ
Ó  U  I  E  B  Í  X  J  O  C  T  C  C  O  D  Ư
A  Ê  R  X  I  I  K  Ô  R  S  Á  Á  E  K  N  E
Ộ  D  E  F  Ẻ  Ặ  Ẻ  E  Ó  Ắ  O  T  A  G  A  H
Â  Ở  Ô  Ấ  I  N  E  N  Ẻ  I  B  G  N  Ó  S  Đ
Ờ  E  G  N  Ắ  N  G  N  Ổ  H  C  M  E  K  E  À
Ê  Ạ  W  L  O  Ờ  G  Ẻ  Ó  Ê  Ờ  Â  Ẻ  Ặ  A  J
```

BEACH	BỜ BIỂN
BUCKET	CÁI XÔ
HAT	NÓN
LIFE GUARD	NHÂN VIÊN CỨU HỘ
OCEAN	ĐẠI DƯƠNG
SAND	CÁT
SANDCASTLE	LÂU ĐÀI CÁT
SEA	BIỂN
SHOVEL	CÁI XẺNG
SUN	MẶT TRỜI
SUNGLASSES	KÍNH MÁT
SUNSCREEN	KEM CHỐNG NẮNG
SURFING	LƯỚT SÓNG
SWIMMING	BƠI LỘI
WAVES	SÓNG BIỂN

Is the museum near or far? Is it expensive to get in or not? Start studying these opposite terms, and you may find out.

```
O E Ạ H Ô H K E Ẹ A H G Ỏ A O Ứ
H E Ề Ẹ L S U Ỏ E Ổ Ứ E I É Ừ O
D R Ổ A E Ẹ Ỏ Ổ Ẹ Ứ B Ỏ E I I H
V Ộ V O Ớ M Z Ừ Ỏ A R E S É E B
C D Ô Ổ A G Ỏ W Ạ Ề N X E G I A
A R Ừ R U D A N Ộ Ứ Ấ G Ề G C O
O A C Ấ A Ạ F Ứ O T Ứ A N Ấ G N
N H Ỏ B É A Ừ H O A L Ứ Ẹ Ộ T Ấ
A D Y G Ứ È Ô R Ớ W C Ỏ O Ừ R W
R H R E Ấ Ạ Ộ H O I Ớ A Ấ I O T
R G D Ứ Ạ W N O C S L È S L H I
O I O F É T Ấ Ạ Ỏ Ớ L L A M S Ạ
W H T O A T I O N N P I A O E M
C E Ổ H D S E Ề Ộ Ạ Ừ Ẹ F T U M
Ộ Ỏ T Ớ I D O A I Ừ Ớ T H Ấ P È
O T N D Ỏ Ộ T Ấ Ộ O E A X E W M
```

BIG	LỚN
SMALL	NHỎ BÉ
WIDE	RỘNG
NARROW	HẸP
TALL	CAO
SHORT	NGẮN
HIGH	CAO
LOW	THẤP
GOOD	TỐT
BAD	XẤU
WET	ƯỚT
DRY	KHÔ
HARD	CỨNG
SOFT	MỀM MẠI

Would you be opposed or in favor of some more opposite words? For better or worse, here are some more words to study and find.

```
X O Ạ Q Ĩ À U N B L X V T H Ậ Ê
C Ậ N Ò Ê H A Ẽ Ơ Ẽ V Y S Ó D Ẻ
Đ F O A X B Ở G N Ó N I S I E E
Z R Ẳ Ê N H E Ở Ò Ẳ Ó A R I S F
E T A T Ò E U S B E E T E Ẻ O S
Y E A Đ Ơ Đ U Ơ Ò N Y N E L L N
Ê E Ò E Ó A D Ú M T Ậ D L O C M
N E S T Q Ẳ Ò Ở O G S Ạ W À R E
T M F A U N L Ê Ẽ Ạ N T Ĩ N S Ở
Ĩ Ẽ A R I Ẽ N Ở Ĩ H Ĩ Ó H Ò P E
N T S C E Ò Ở M O L L Ơ Đ Ơ Ú E
H O T H T Ẻ Ậ T M D A Ấ T Ậ À Q
A Ĩ H E C H Ẽ O S C T C Đ F A À
N G T A C Ạ G L P N E N Ê I P Ẽ
H E X P E N S I V E Ạ Ê Ê Ò K Ẳ
À U Đ Ú N G N O R W N Ậ E Ở E O
```

FAST	NHANH
SLOW	CHẬM
RIGHT	ĐÚNG
WRONG	SAI
CLEAN	SẠCH SẼ
DIRTY	DƠ BẢN
QUIET	YÊN TĨNH
NOISY	ỒN ÀO
EXPENSIVE	ĐẮT
CHEAP	RẺ
HOT	NÓNG
COLD	LẠNH
OPEN	MỞ
CLOSED	ĐÓNG

They say that opposites attract. See if you
are attracted to the list of opposite words
below. Find them in the grid, or don't.

```
E Ó A R D G Ớ E Ớ Z S T I A F À
C T Ả Ầ À Ê N Ă H K Ó H K Ũ Ế S
G N Á S I Ê T Ố L A N G N Ậ R R
N I A Ớ Ổ S L F R Ạ L I E I C Ú
I U Ả Đ T Ấ B À M T Ớ L A Ũ Ú E
N T T R G S W Ấ C M N S N I H T
N E O Ă Ế S Đ O E H W N O N T Y
I N W S Á Ậ Ố T T C H P Ạ R T W
G U A Ớ Á E B Ế R N Á Ố G P Ê Z
E N D Ấ E S V I O E P Ậ M W K M
B Ũ À O W O V Ó E C F E E I R Đ
Ấ U G D A À N S Ế R D A O G A Q
Y E L N Ế Ế E I O Ớ K S Ầ L D N
N Ê L Ă Ă D À Đ S W I Y Ế L S S
T L U C I F F I D À Ớ Ẩ O L E O
S Ấ F A T Ậ F E H À Ố Đ U Ế H Ấ
```

FULL	ĐẦY
EMPTY	TRỐNG
NEW	MỚI
OLD	CŨ
LIGHT	SÁNG
DARK	TỐI
EASY	DỄ DÀNG
DIFFICULT	KHÓ KHĂN
STRONG	MẠNH
WEAK	YẾU
FAT	MẬP
THIN	GÀY
BEGINNING	BẮT ĐẦU
END	KẾT THÚC

An antonym is a word opposite in meaning to another. A synonym is a word that has the same or similar meaning to another word. Find the antonyms from the word list in the puzzle grid.

```
Đ Z Â L O I À E Ù Å Ẳ Ô D Ư T G
E E I S Ư I L I Y T Ớ B X Ớ Ờ N
N Ố I O O Ẽ R Ờ Â L E M E I E Ù
A A A R Y M Í Đ T F R T Ớ Ư A C
W T Đ A Q Ô I Â O Ù E A R S X I
Y L W I T H Ễ R T I H Ổ E Ư A Ổ
P Â Â Í N P E E A S T O G Ẽ Ớ U
Í Ờ Đ Ó Ó D D R Ổ T A A G T E C
W U Ả Ờ I I N Í E T A L R S Ó E
I E U S S E L F E O I R Ô Ó B G
T Ê T N A Z À M E N M G C A Đ G
H U I R F I R S T Ẳ A G I O C Ô
O H Ê A T À I À O G N Ờ E G S D
U Ù N Ớ E N W R Ớ Ô H Í À O Ố L
T G N O R T A Í H P W L N Ẳ D A
Ư T N Ô Ổ F E K C Í Ô E A A L S
```

NEAR	GẦN
FAR	XA
HERE	Ở ĐÂY
THERE	Ở ĐÓ
WITH	CÓ
WITHOUT	KHÔNG CÓ
BEFORE	TRƯỚC
AFTER	SAU
EARLY	SỚM
LATE	TRỄ
INSIDE	PHÍA TRONG
OUTSIDE	Ở NGOÀI
FIRST	ĐẦU TIÊN
LAST	CUỐI CÙNG

We encounter many different materials on a daily basis. Some are strong enough to hold up buildings and others are soft and flexible. Here is a list of common materials to choose from as we continue to build your language skills.

```
Á É Ự C Ổ Á S M A T E R I A L D
H T Ạ M L Ô Y Ệ M H É Đ C I Q L
R B O E I A M J B É A S Á Đ Ẫ O
J E E Ệ Ồ K Y B À P B Ê T Ô N G
F T P I R I H T A U Ủ D E Ấ S N
S E H P U T E C Ệ D N A S Á Đ À
M R Ệ Ủ O G Ự I Ạ O L M I K Ò V
U C Á I Y C L J M B Á Ờ T L N Ệ
N N Ậ C I T S A L P O À O Ư G F
I O É N Ậ T I T S L V T Ố Ủ Ố Ố
T C Ư V O D L N A S Ẫ D T É U Q
A H Ẫ N O Ơ V T H Ự I W Ê O A Ạ
L E E O T I E F I Ố H L E Ê A N
P S W Ê Ư M R R P Ô E N À Ự Ô N
Ự T É T Ẫ T É X Ơ T Á À I L Ơ É
G N Ơ Ư C M I K S O V I L W Ệ V
```

CLAY	ĐẤT SÉT
CONCRETE	BÊ TÔNG
COPPER	ĐỒNG
DIAMOND	KIM CƯƠNG
GLASS	THỦY TINH
GOLD	VÀNG
MATERIAL	VẬT LIỆU
METAL	KIM LOẠI
PLASTIC	NHỰA
PLATINUM	BẠCH KIM
SAND	CÁT
SILVER	BẠC
STEEL	THÉP
STONE	ĐÁ
WOOD	GỖ

See if you can handle another shipment of common materials. Be sure to handle each one with care.

```
O U Ì J Ấ L L R O I T R W Ờ Ọ U
D Đ S G I Ấ Y Ạ U H Ấ Ứ M Ẳ Ả D
Ứ É Q O Ì Ô Ố P Y B S G Ố M S Ứ
L B S Ạ A G K C I R B L R S T S
E Ọ Ì T Ò C G Ố Ẳ N G E Ấ Ì A É
Ă Y Đ H O Đ E N O N H A R Đ I T
O Ì C T C L X R Ô T Ă D Ẳ Á N G
Ứ Ạ T B B Ă I B A H Ấ I M C L Ô
G O P R R W I E Đ M K U S Ẩ E F
N X A A É Ẳ L Ò L Ổ I P Ấ M S B
Ă M P S V Ấ N Đ N N E C É T S S
M Ố E S B G E Ẳ A N N O I H S M
I W R Ắ T Ấ S T N E M E C Ạ T Á
X Ả N H Ô M I D A T H U Ộ C E T
Á N A T I T I Ạ O L M I K H E Ạ
T U R O E T T Ổ M U N I M U L A
```

ALUMINUM	NHÔM
BRASS	ĐỒNG THAU
BRICK	GẠCH
CEMENT	XI MĂNG
CERAMIC	GỐM SỨ
COTTON	VẢI BÔNG
IRON	SẮT
LEAD	CHÌ
LEATHER	DA THUỘC
MARBLE	ĐÁ CẨM THẠCH
PAPER	GIẢY
RUBBER	CAO SU
SOIL	ĐẤT
STAINLESS STEEL	THÉP KHÔNG GỈ
TITANIUM	KIM LOẠI TITAN

We've made it through the first half of the book. Time to stop and have something to drink. Can we suggest one of the following?

```
O R R Đ G E Ạ T Ỏ Ạ I Ê Ợ E E C
N R Ư Ợ U V A N G Đ Ỏ Y R À O À
I Ư Ợ Ợ G Ớ Ê Ở S Ữ N E Ợ A Ữ R
C Ợ U B U E R Ữ À M E K O W N O
C U V R R W A Ư À B A S H Ợ A T
U S O A E E H W Ợ R Đ I H Á N A
P Â D N T D E I Ỏ U T H Z E R B
P M K D A T W Y S E M W S Ư V E
A B A Y W P N I W K T Ạ Ợ A I B
C A P P U C C I N O Y U N V Ê P
Ê N V Ọ M R N Â G E R G M H É E
H H O R A E Ỏ A Ỏ U T Ạ P C C E
P B D B U N N P M R Ợ À Ớ I Ọ F
À S K L I M I R Ắ H C Ư U Y Ọ F
C H A M P A G N E Ê N J R D Ê O
I Ở Ắ E Ợ Ê G H Ớ N Ư Ớ C L Ọ C
```

BEER	BIA
BRANDY	RƯỢU MẠNH
CAPPUCCINO	CÀ PHÊ CAPPUCCINO
CHAMPAGNE	RƯỢU SÂM BANH
COFFEE	CÀ PHÊ
GIN	RƯỢU GIN
JUICE	NƯỚC ÉP
MILK	SỮA
RED WINE	RƯỢU VANG ĐỎ
RUM	RƯỢU RUM
TEA	TRÀ
VODKA	RƯỢU VODKA
WATER	NƯỚC LỌC
WHISKEY	RƯỢU WHISKY
WHITE WINE	VANG TRẮNG

Review Jumble: The translations in the word list below have been scrambled. Draw lines between the left and right columns to find the correct translations.

```
C L Í A A Á I Ư A S Á A U D Q F
V Ả O B Ờ I Ờ M Ă N Á Ả Ờ J T Ộ
E N S I H E Ư M M W T S Ă Ờ T Ờ
H Y Ư Ờ A Ờ M Ư D T D E Ố Ộ Í J
S N Q Ư I S Ờ Ờ E Ố I A I Ă A L
Ờ E M M Á I E I G H T Ư B O O E
E E Ộ U L X O H Ư M S R E S S S
B T L Ă N A A A Ả Ộ Ă N Á T H M
X R M R Ư E V I F T Ố L I Ờ Ư Q
M U U Ư G O Ờ M W B C Í A N Ố H
H O N E Ờ E Ộ E Á T H R E E E O
F F Y P E I L N E T Í E Ờ E W T
Ố S Ă Í N V B E E B N D O T Á N
U R O O E Ả W Ố V V F E F F E T
G O L T Y Ố U Á N E E T R I H T
H L I H B Ờ U R S F N S S F C Ả
```

ONE	MƯỜI
TWO	SÁU
THREE	BẢY
FOUR	BỐN
FIVE	CHÍN
SIX	BA
SEVEN	MƯỜI BỐN
EIGHT	MƯỜI LĂM
NINE	HAI
TEN	MỘT
ELEVEN	MƯỜI BA
TWELVE	MƯỜI MỘT
THIRTEEN	NĂM
FOURTEEN	TÁM
FIFTEEN	MƯỜI HAI

Review Time: Draw lines between the English word on the left and the corresponding translation on the right. Refer back to the original puzzle if you need help.

```
T B S Y Ư Ư B A M Ư Ơ I Ả F U B
B Ả E A T Ả U U Í U E S I X T Y
F O R T Y E A Ố Ệ N Ă M M Ư Ơ I
M F N M N Ộ N I T S E V E N T Y
Ư Ộ Ư Í O E R I N H T E Y A Ả Ơ
Ờ Ơ T U H T E E N H I Á T B Z Ộ
I Y O N T C E T O E L R I X G U
T T Ệ Ộ G T I U N Ư T Ờ T C I Á
Á H M N H H S Ờ M E Ư E H Y Ơ S
M G F G U A Ì Ộ Ư M V Í E T Ư I
Á I I O N Ộ T N O M N E Ả N M Ờ
R E F D D T I Ơ Ư M U Á S E N Ư
M E T A R E I Ơ Ư M I A H W Ố M
R D Y Ă E A I Ơ Ư M M Á T T B Ư
Ì Ố M O D M I L L I O N D V A Ờ
H T E Í Ơ S E M E N O E S R C Ơ
```

SIXTEEN	BỐN MƯƠI
SEVENTEEN	MƯỜI SÁU
EIGHTEEN	MỘT NGHÌN
NINETEEN	NĂM MƯƠI
TWENTY	MƯỜI BẢY
THIRTY	MỘT TRIỆU
FORTY	HAI MƯƠI
FIFTY	MƯỜI TÁM
SIXTY	SÁU MƯƠI
SEVENTY	MƯỜI CHÍN
EIGHTY	CHÍN MƯƠI
NINETY	TÁM MƯƠI
HUNDRED	BA MƯƠI
THOUSAND	MỘT TRĂM
MILLION	BẢY MƯƠI

Review Jumble: The translations in the word list below have been scrambled. Draw lines between the left and right columns to find the correct translations.

```
T A B F N Ẽ D À E T E Ư Y O Q Ứ
H I N Ư T H Ứ S Á U E Ứ A I Ỗ W
Ứ G Ủ W Ô F Y N J F E À D Ư T E
B C T M O À E Ă S Ậ R Ư O R U D
Ả Ỗ Q Ă G R Ẽ I C U Ỗ I T U Ầ N
Y U Ứ N S D R O I G T Ậ D Ă N E
A Q Ứ Ứ Ô Y O O I Á H H E A Z S
D Ẽ W H Ô W Ư A M N Ô S Ứ T Y D
R L E T E Y M Ư Ủ O A B Ứ H T A
E Y E E Ả Y A H S A T U R D A Y
T À K Ả À M C D À Ô T T T R T I
S G E G O H I Ứ N H Ỗ Ả R Y Ỗ A
E N N N O A Ầ H Ứ U À E A E Ă W
Y A D S R U H T U E S D A Y O A
Y A N M Ô H Ư Ă G Ầ P Ậ I A T S
Y Y A D I L O H L A N O I T A N
```

MONDAY	CUỐI TUẦN
TUESDAY	NGÀY LỄ QUỐC GIA
WEDNESDAY	NGÀY MAI
THURSDAY	NGÀY
FRIDAY	THỨ BẢY
SATURDAY	CHỦ NHẬT
SUNDAY	HÔM QUA
WEEKEND	TUẦN
NATIONAL HOLIDAY	HÔM NAY
TODAY	THỨ NĂM
TOMORROW	THỨ TƯ
YESTERDAY	THỨ BA
WEEK	THỨ SÁU
DAY	THỨ HAI

Review Time: Draw lines between the English word on the left and the corresponding translation on the right. Refer back to the original puzzle if you need help.

```
H Ị J U L Y Ả B G N Á H T C Ị O
R Ị A H I Ờ Ư M G N Á H T T R Ả
R E B M E V O N Ă R Á E Ọ O I L
T O B L S N T H Á N G M Ư Ờ I O
Ọ C E M Ị S D H G Í G Ă A R Ư T
M T O T E C E C Á N T N P R O T
I O H H G T H Á Á N F A Á Y C V
Ờ B D Á J Í P H F I G Y E H W H
Ư E J N N E T E I C E S N A T O
M R A G I G B E S A D A Á S S D
G T N T O R T M R L H B E U U T
N Á U Ư U Ă O Á O E Ă G G N G L
Á H A A Ờ Í L Ă M N T N N D U Y
H E R E B M E C E D T Á Á Á A J
T Y Y Ă O E Ư Ả F A L H H M H Ả
H E R A O Ư Á Z C R E T T D B T
```

JANUARY	THÁNG CHÍN
FEBRUARY	THÁNG NĂM
MARCH	THÁNG
APRIL	THÁNG MƯỜI
MAY	THÁNG TÁM
JUNE	THÁNG MƯỜI MỘT
JULY	THÁNG MỘT
AUGUST	THÁNG BẢY
SEPTEMBER	THÁNG BA
OCTOBER	NĂM
NOVEMBER	THÁNG TƯ
DECEMBER	THÁNG MƯỜI HAI
CALENDAR	LỊCH
MONTH	THÁNG SÁU
YEAR	THÁNG HAI

Review Jumble: The translations in the word list below have been scrambled. Draw lines between the left and right columns to find the correct translations.

```
B H L N R S F B N Y Ú U O L O H
A Ư R T I Ỏ U B Ỏ F H Ế E B E T
F G O Ê H G S M C N M U T U A Ú
T N I M I Ậ H P M O D E C A D E
E Á Ế Â T O P T R E T N I W Ỷ Ư
R S Y M U C I N D I R F O Ở Z Ô
N I Ô R Ă E I Â I Ú N Ú I C Ố U
O Ỏ Ố F I N Ỏ U I Ê O G T Ù E Â
O U R S G T T X M I N U T E Ở S
N B L M N U I A Y E H À H S Ố T
H Y Ỏ Â Ô R Ỏ Ù À Ù Ă Ế E M E Ô
Ỷ T C Y Đ Y U M G Ờ T Ỷ Ă H Ế È
Y D N N A H B G N M K Á Ư E T À
R E È O Ù D Ờ Ố Á Ế Ố T Ố S N Ố
È H A Ù M Ù A T H U M O È W Ư W
Ư V P R Ê D A T T Ú H P E E Ú J
```

WINTER	PHÚT
SPRING	GIỜ
SUMMER	MÙA XUÂN
AUTUMN	BUỔI SÁNG
SECOND	BUỔI TỐI
MINUTE	THÁNG
HOUR	BUỔI TRƯA
DAY	MÙA THU
MONTH	GIÂY
YEAR	NGÀY
MORNING	MÙA HÈ
AFTERNOON	THẾ KỶ
NIGHT	MÙA ĐÔNG
DECADE	THẬP NIÊN
CENTURY	NĂM

Review Time: Draw lines between the English word on the left and the corresponding translation on the right. Refer back to the original puzzle if you need help.

```
Á X E Ò V A V L O D P N F L Ẫ Ồ
S G N Ỏ H Ồ N G S Ẫ M U E Ạ D S
Z E À R E Â Ẫ Ạ T Z Ẫ F R E E M
Đ P N H U Ẫ E W O L L E Y P R A
Ạ Ỏ S L O T R T B Ơ V H V H L G
Â Ơ Ấ X O E Ơ E I L O R A N G E
Ơ I E D E N R Ạ I H A O R H H N
Ò Â Â Ư F L B S O N W C A M Í T
Á I Ấ M E N S Đ Â A Ư Y K H R A
Ẫ E I À À J Ấ Ơ D X X E Ạ Ấ À I
G T F Ò Ư I T Ấ Đ Í Á R N U R A
T G Ơ Y T V T P Ò L M G B A W D
A E S Â T C À I H G Ò Ạ R L Y S
Â A F A G V À N G O C Z O B U C
À L Ấ P A T A K G L Ơ Ò W U Ư E
X J Ẫ F S X A N H D Ư Ơ N G A A
```

BLACK	XANH DƯƠNG
BLUE	XÁM
BROWN	ĐỎ
CYAN	TRẮNG
GOLD	XANH LƠ
GREY	CAM
GREEN	VÀNG
MAGENTA	VÀNG
ORANGE	NÂU
PINK	XANH LÁ
PURPLE	ĐEN
RED	HỒNG
SILVER	HỒNG SẮM
WHITE	BẠC
YELLOW	TÍM

Review Jumble: The translations in the word list below have been scrambled. Draw lines between the left and right columns to find the correct translations.

```
H H D N A O X I Á R T H N Ì H H P
Ì Ì T E E N R M E Ụ R T H N Ì H R
N N N R Ũ L Ò C S T E Ẩ H N N U Ậ
H H C H I T T R O Ơ Ơ Ì H C H Ò Ố
N C I G B A Ậ Ó T Ì N N Ư Á L G Ậ
G H R H N Á Ñ H T H Ó Ũ A I Ụ N O
Ô Ó C G Ữ Ô T G N N N T Y G C Ơ E
I P L N Z M U G L Ữ N Ì R M G Ư T
S E E H O Ẩ Ũ V I E H E H A I H Ò
A B Ò D C G Ơ F H Á D C L T Á P D
O U H H I V A E M N C J H H C P I
S C N Á C A X T I E Ì O B N T Ậ M
P Ì C S Ơ A M L N I A H Ơ Ì Ì L A
H Á T O G E Y O R E E T Ũ H C H R
E A W O V C C N N Ò P U K Ơ O N Y
R L N O G A T C O D I Ẩ C E H Ì P
E R A U Q S L Á I O H T H N Ì H I
```

CIRCLE	HÌNH LỤC GIÁC
CONE	HÌNH CHỮ NHẬT
CUBE	HÌNH NÓN
CYLINDER	HÌNH THOI
DIAMOND	HÌNH VUÔNG
HEXAGON	HÌNH CẦU
OCTAGON	HÌNH TRÁI XOAN
OVAL	HÌNH TAM GIÁC
PENTAGON	HÌNH CHÓP
PYRAMID	HÌNH TRỤ
RECTANGLE	HÌNH TRÒN
SPHERE	HÌNH NGŨ GIÁC
SQUARE	HÌNH LẬP PHƯƠNG
STAR	HÌNH BÁT GIÁC
TRIANGLE	HÌNH NGÔI SAO

Review Time: Draw lines between the English word on the left and the corresponding translation on the right. Refer back to the original puzzle if you need help.

```
Á U I W E Y E B R O W S Ả Á L H
S A P Ư Ă C A H Á À I Ấ O T R Á
Ô L E I A T Â Â I Ư M A Ấ E D Á
R I T F E R Á Ô Ũ L Ũ K Q Ả À O
N P O F Ă Ô M Ă Ô Ò Ư L M F V Ệ
Ả S N N Ả Ó Ò N T Ă Ỡ Ỡ Ũ Q S Ở
C E G G S E G Ó O P T A I Ấ E V
K H U Ô N M Ặ T T S W H S W A Ă
D S E D I Ệ Ư L C T E Ũ R Ấ G Ò
F A Y E W L I H Ấ Ư Ằ G S Ă E Ô
U L E H K T I M Ắ C Ặ Ệ N Â L I
L E C H Â N M À Y H O E C Á N Ă
Ỡ Y R T E E T H T Ó C Q N F Ỡ T
Ở E H A I R E U Ằ Đ L Ă N H Ũ A
I A A Ư Á A O A R F T E F O H Ấ
D P Y N D M M F R B Đ Ũ Ư O S T
```

CHEEK   ĐẦU
CHIN   LƯỠI
EAR   RĂNG
EYE   TÓC
EYEBROWS   KHUÔN MẶT
EYELASHES   CHÂN MÀY
FACE   CẰM
FOREHEAD   MIỆNG
HAIR   LÔNG MI
HEAD   TRÁN
LIPS   MÔI
MOUTH   MŨI
NOSE   MẮT
TEETH   GÒ MÁ
TONGUE   TAI

Review Jumble: The translations in the word list below have been scrambled. Draw lines between the left and right columns to find the correct translations.

```
S H O U L D E R B L A D E B S O
Z Ô Ó S Y T Ú C E Ú E R Ả N H N
Ấ H Â E Ỷ C H Â N G W H T O O F
H E R L Ô Ổ N U N Ú N O A R U Ồ
Ó I V P A T Y Ô M Ú Â I B N L T
O A G P G A H R V B Ẳ E F L D N
Á V S I T Y M M F À A Â C Ô E Á
S Ả H N O T Ú Ư E N G Á E Ô R O
B B Ó T E N L À I C N Ư R B K À
À G W W Ổ B G L Ẳ H Ư Ơ Z Ó E Ẳ
N N T R H O E Ó T Â L T Ó B E Ẳ
T Ơ R S I M R A N N T Ơ P S R E
A Ư A Ô I S Y À Ú C Ẳ I A V Ổ Ẳ
Y X T Ổ Y A T U Ỷ U H K Â L A L
A H P Á C S W A A U T Â E T H H
M Ơ E I Á C Y A T N Ó G N T O Ả
```

ARM	CÁNH TAY
ELBOW	BÀN CHÂN
FINGER	NGÓN CHÂN
FOOT	BÀN TAY
HAND	NÚM VÚ
HIP	VAI
LEG	CỔ TAY
NIPPLE	NGÓN TAY CÁI
SHOULDER	KHUỶU TAY
SHOULDER BLADE	XƯƠNG BẢ VAI
THUMB	CHÂN
TOE	NGÓN TAY
WAIST	HÔNG
WRIST	THẮT LƯNG

Review Time: Draw lines between the English word on the left and the corresponding translation on the right. Refer back to the original puzzle if you need help.

```
Ư  B  S  Ó  L  Đ  T  R  H  A  Y  Ù  Ả  Đ  Ễ  S
Á  F  P  F  I  N  G  E  R  N  A  I  L  H  Ổ  K
Ư  C  W  O  O  Â  B  Đ  A  A  T  Ỏ  Ầ  Ọ  E  C
Y  U  T  Ự  E  R  R  V  V  Ơ  H  G  R  H  A  O
R  Ô  Ư  Ấ  Ư  Ơ  E  Y  D  T  N  U  H  L  H  T
Ấ  N  N  Á  M  L  A  A  I  Á  Á  Ầ  F  F  Ù  T
Ơ  G  M  M  T  Ấ  S  T  R  L  C  Đ  M  E  A  U
Ư  H  H  E  Ơ  U  T  G  Ư  M  Ố  T  E  Ự  Ù  B
A  Ọ  Ơ  W  Ự  F  Ó  N  T  T  A  Ể  V  P  Ấ  B
R  N  Á  C  H  Ỏ  G  Ó  B  O  D  Y  N  P  K  Ể
E  G  K  V  T  I  P  M  R  A  E  C  C  Ơ  N  H
R  Ô  W  L  Â  E  Đ  H  S  N  C  H  G  I  H  T
H  Ự  T  U  E  S  T  Ù  K  Ể  Â  K  C  E  N  Ơ
K  G  T  Ấ  H  O  G  Ể  I  N  A  E  B  Ơ  G  C
T  Ể  Ổ  Ổ  I  T  R  Ó  N  H  E  T  Ể  P  Ự  Ự
Q  Ọ  Ọ  Ù  H  Ấ  L  Z  Ư  A  H  E  O  Ó  C  Ự
```

ANKLE	BẮP VẾ
ARMPIT	NÁCH
BACK	NGỰC
BODY	ĐẦU GỐI
BREAST	MÓNG TAY
BUTTOCKS	CƠ THỂ
CALF	CỎ
FINGERNAIL	CÁNH TAY
FOREARM	RỐN
KNEE	BẮP CHÂN
NAVEL	MẮT CÁ
NECK	ĐÙI
SKIN	DA
THIGH	CUỐNG HỌNG
THROAT	LƯNG

Review Jumble: The translations in the word list below have been scrambled. Draw lines between the left and right columns to find the correct translations.

```
R N S K T L Ấ T Ậ C Ĩ X Ụ E E Á
S U E N I T S E T N I E G R A L
M Ậ Ộ Y Y D Ạ A A D Ạ D À Y R I
A S Ế T H T N G N D O O L B T V
L D P A N C R E A S Đ O Á G E E
L S E X A O P Ạ Y Ộ D S L Ã R R
I A A H V P N Á N Ĩ T Ĩ Á H I N
N Ơ Ạ E A I E G D M U S C L E S
T M I A A Ừ M À I N Ộ A H E S À
E N I R Ĩ Ạ H Á Ừ Ã M L L S I A
S N B T C B Ừ T U O A P V G Ỏ N
T Ĩ N H M Ạ C H T Ố S S T N H Ậ
I H I I M T Ộ S A Ộ H Ộ D U P O
N Ậ H T Y Ụ T N Ê Y U T Ấ L Ê E
E Ã Đ G Z T I T M R Ở R A U Ê Ừ
Ạ Ã P Ấ B Ơ C D G J Y Z Ế A Ế E
```

APPENDIX	TIM
ARTERIES	GAN
BLOOD	CƠ BẮP
BRAIN	PHỔI
HEART	RUỘT GIÀ
KIDNEY	TĨNH MẠCH
LARGE INTESTINE	THẬN
LIVER	RUỘT THỪA
LUNGS	RUỘT NON
MUSCLES	ĐỘNG MẠCH
PANCREAS	NÃO
SMALL INTESTINE	DẠ DÀY
SPLEEN	TUYẾN TỤY
STOMACH	MÁU
VEINS	LÁ LÁCH

Review Time: Draw lines between the English word on the left and the corresponding translation on the right. Refer back to the original puzzle if you need help.

```
T  B  Ờ  W  N  A  M  C  Ự  C  H  Â  U  Â  U  Ơ  T
D  Ắ  A  E  L  O  P  H  T  R  O  N  N  E  C  Y  T
L  C  S  A  C  I  R  F  A  E  O  A  Ì  E  L  H  C
Y  C  L  O  N  G  I  T  U  D  E  T  N  L  Á  H  Ộ
Ơ  Ự  N  Ấ  U  M  G  R  H  C  Ự  T  A  I  Â  A  Ộ
Á  C  Â  A  Ơ  T  O  N  O  A  R  S  B  U  C  O  Đ
S  H  O  H  E  P  H  C  Ơ  A  M  Ì  Á  I  Q  Ư  H
L  Â  Ắ  N  E  C  I  A  L  Ư  N  E  T  D  Ờ  E  N
Đ  U  U  N  T  F  O  A  M  H  D  C  R  N  U  A  I
S  P  A  R  I  I  M  C  D  E  R  Y  G  I  M  U  K
A  H  Ỹ  C  A  E  N  Ư  I  A  R  X  Â  M  C  G  I
B  I  A  M  R  Ị  Ơ  E  T  T  Í  I  Ỹ  T  Ạ  A  W
Ấ  P  S  I  G  N  Đ  N  N  C  N  Ộ  C  Ụ  I  A  A
C  Ì  C  A  G  N  A  C  H  T  Đ  A  L  A  T  Ạ  T
M  A  N  C  Ự  C  U  Đ  Ụ  Ĩ  Ì  Ộ  L  Í  A  N  Đ
Ỹ  Ư  F  O  Ĩ  Ị  Ạ  R  V  L  A  T  I  T  U  D  E
H  N  Â  E  L  O  P  H  T  U  O  S  D  Z  A  M  V
```

AFRICA	VĨ ĐỘ
ANTARCTICA	NAM CỰC
ASIA	CHÂU ÂU
ATLANTIC OCEAN	BẮC CỰC
CENTRAL AMERICA	KINH ĐỘ
CONTINENT	BẮC MỸ
EQUATOR	ĐẠI TÂY DƯƠNG
EUROPE	CHÂU PHI
LATITUDE	NAM MỸ
LONGITUDE	ĐƯỜNG XÍCH ĐẠO
NORTH AMERICA	THÁI BÌNH DƯƠNG
NORTH POLE	CỰC NAM
PACIFIC OCEAN	CHÂU Á
SOUTH AMERICA	TRUNG MỸ
SOUTH POLE	LỤC ĐỊA

Review Jumble: The translations in the word list below have been scrambled. Draw lines between the left and right columns to find the correct translations.

```
H T O Đ G Ă Z A À T G N Ă B Á Đ
E C Ả N O Ả M O U N T A I N N Ế
Ể O Ừ D C R G D Ơ Ả H N S E A Ể
S R Ò Ê E L G Ư O Y À Ô Ế T S A
A A A T A S D U Y Ê N H Ả I Ê Ó
M L A C N I E Ờ D G H C A E B A
Ạ R I T Ạ Ử Ạ R Ừ N P Ò Ơ I Ệ K
C E S Đ Ử Ê E I T Ạ H À O M T I
R E L R I F Ú V N B Ố R E Ờ O L
Ư F A Ú V Y Ê E Ú Ờ Ệ Ú Ế A Ệ Ừ
Ơ Ử N Ổ A O Ể R I B Ú T I Ử Á Ế
I S D A Y N L Ử L I F Á H A Ử E
G E E T S A O C Ử Ể À Ử Ạ Ă I T
A S I K B Đ Á S A N H Ô Ờ À Ệ N
S C L I A Ử L I Ú N G N Ệ I M P
Ê Ừ Ể D A L T S E R O F E Ệ H Ừ
```

BEACH	ĐẠI DƯƠNG
CITY	HỒ
COAST	SÔNG
CORAL REEF	NÚI
CRATER	THÀNH PHỐ
DESERT	ĐẢO
FOREST	ĐÁ SAN HÔ
GLACIER	DUYÊN HẢI
ISLAND	BIỂN
LAKE	SA MẠC
MOUNTAIN	ĐÁ BĂNG
OCEAN	RỪNG
RIVER	MIỆNG NÚI LỬA
SEA	NÚI LỬA
VOLCANO	BỜ BIỂN

Review Time: Draw lines between the English
word on the left and the corresponding
translation on the right. Refer back to the
original puzzle if you need help.

```
Ơ Ò R Â Ó Â A E T Ơ H M H U A F
N K S T Ư C I R T E M O R A B Ó
Ể T U A Ù I O Ã É Ể T Ư Ơ A Ấ K
Y Ò B C Ẩ Ạ Â D S Ấ Y W A L W Ả
U G Ớ Ứ T T Ớ Ư M Ẩ O U I Ạ Ò Á
Q N C B U E Ạ E Ấ N Ể R T N R Ể
Í Ò N G Ế A Ù C S C Ù P U H Ó Á
H V I N N M U Â Ể L Ò Á U Ớ Ả I
K U A Ó G Ấ Y Ư Ù O Ấ M O B L I
T À R N I Ấ N N Í U I Á Ã T Á Ò
Ấ C Ơ R É G N Ể T D L O C Ả S Ở
U Ư N H I Ể U M Â Y D N I W V V
S Ứ Ạ O Ù C S Ể D X S B Ó E M L
P W O B N I A R I É A Ả Ơ Ã F E
Á Ơ F O G N I N T H G I L Ấ E T
L E O Í Ư À Í R E D N U H T T Ạ
```

BAROMETRIC pressure	SÉT
CLOUDY	CẦU VỒNG
COLD	TUYẾT
FOG	ẨM ƯỚT
HOT	ÁP SUẤT KHÍ QUYỂN
HUMID	NẮNG
HURRICANE	NHIỀU GIÓ
LIGHTNING	ẤM ÁP
RAIN	MƯA
RAINBOW	NÓNG BỨC
SNOW	NHIỀU MÂY
SUNNY	SẤM SÉT
THUNDER	SƯƠNG MÙ
WARM	LẠNH
WINDY	BÃO

Review Jumble: The translations in the word list below have been scrambled. Draw lines between the left and right columns to find the correct translations.

```
H Ư Ơ U C A O C Ỏ Z E B R A E Ó
Ấ F D H F Á G N Ơ Ư D H N I L U
C Ỏ Ư R B M Ả Đ À Đ I Ẻ U N Ư Ã
T Ê U Ó A V Ê T Ạ N G M Ỉ Â T U
I W Ã Á A P Ộ O O E I Ự Ạ Á À Â
N C A Ụ T Đ O C L B R H O N Ấ H
H O G R Ỉ Ử E E Z N A P M I H C
T N Z H T R P B L N F B Ợ O I I
I B K Ư O H T A T N F G O Ơ O H
N Á S S A Ê O E I N E O Ỏ O V P
H O E N G N L G Ó Ỉ O R I Ơ N N
À Â T I T O E O S T R I C H O Ợ
M F Á Ấ P D Ự Y Ó U V L L P C Ư
Ã C H E E T A H H I T L Á E Ế V
Ư I H P U Â H C C Ạ M A S N Ợ L
I H H I P P O P O T A M U S H F
```

ANTELOPE	TÊ GIÁC
BABOON	BÁO
CHEETAH	CON VOI
CHIMPANZEE	NGỰA VẰN
ELEPHANT	HÀ MÃ
GIRAFFE	LỢN SA MẠC CHÂU PHI
GORILLA	SƯ TỬ
HIPPOPOTAMUS	HẮC TINH TINH
HYENA	CHÓ SÓI
LEOPARD	CON BÁO
LION	VƯỢN PHI CHÂU
OSTRICH	HƯƠU CAO CỔ
RHINOCEROS	LINH DƯƠNG
WARTHOG	ĐÀ ĐIỂU
ZEBRA	KHỈ ĐỘT

Review Time: Draw lines between the English word on the left and the corresponding translation on the right. Refer back to the original puzzle if you need help.

```
À H X Ỏ Đ U E G Ồ C A T N O Ỏ T
I I A Ú G E O I Ú T T Ọ U H C C
Đ L Ạ C Đ À I Ỏ Ộ I Ự U E Ự H P
Ơ N V Ỏ A D Ó D O G Ỏ H C Ó I Á
Ự Đ Ụ R H U I T E E N C S Ỏ M P
T Ỏ C Ộ Ự T U H A R Ẳ Ó H N C Ộ
W I Ự K Ự Ỏ R A B B I T A Ơ Á E
T N Ơ Ỏ A H Ư Ơ U Ơ N L Ộ J N S
D Ơ I Ó A N D Ẳ D O N U Ỹ Ạ H T
N T Đ Ẳ H O G À C O È M N O C Ỏ
I A O N A C I A C A M K Ó Ú Ụ O
U E M J A G U A R Ỏ M L O H T I
G Ỹ B O V Ó W F Đ O Ẳ E Ỹ Ư Đ Á
N C D T U Ú T O O Ạ O L L È Ú Đ
E Á X Ụ Q S Á S L X E U A A D Ự
P O L A R B E A R F È M A S A Ú
```

BAT	CHÓ
CAMEL	CHUỘT
CAT	CHIM CÁNH CỤT
DOG	CON MÈO
FOX	CON LA
JAGUAR	BÁO ĐỐM MỸ
KANGAROO	CHUỘT TÚI
MOOSE	CON THỎ
MOUSE	CON HỔ
MULE	CHÓ SÓI
PENGUIN	CÁO
POLAR BEAR	LẠC ĐÀ
RABBIT	DƠI
TIGER	HƯƠU
WOLF	GẤU BẮC CỰC

Review Jumble: The translations in the word list below have been scrambled. Draw lines between the left and right columns to find the correct translations.

```
S È N È R A E B K C A L B Ờ O H
Q È Ấ P T Í T K Ớ Ú F L E Ó L S
U Ó U Ẩ S Á C P A R Ơ A A N Ạ A
I A T R A C C O O N É M V R C Ớ
R V Ấ À I Y Ạ G N R S A E Ò Đ W
R Ớ Ô Ớ N N G Ớ Á S C Ẩ R T À R
E C F O È M U Ẩ G H Ó U Ú G K D
L O P O S S U M U C C C P Ô H Y
I R Ạ J Ó T I Ọ Í Đ O É F I Ô Ẩ
D A A I C Á T Ơ N H E N Ấ P N S
O N Ơ T C N K E Ư T N N C Ẩ G E
C G Ò C H Ò N T Ú I Y N R Ú B È
O U X Ẩ U N U O W L Ờ N O F Ư Y
R T T H Ọ A K Ó I E O Ư Ó C Ớ Ẩ
C A Í Y T N S Ả Ạ C M J Đ Ò U R
K N U M P I H C H Ò N H Ô I Ô X
```

BEAVER	CHÒN HÔI
BLACK BEAR	HẢI LY
CHIPMUNK	CON SÓC
CROCODILE	GẤU ĐEN
FROG	CHÒN TÚI
LLAMA	GẤU MÈO
OPOSSUM	CHUỘT NHẮT
ORANGUTAN	CÁ SẤU
OWL	CON CÚ
PORCUPINE	LẠC ĐÀ KHÔNG BƯỚU
RACCOON	ÈCH
RAT	CON RẮN
SKUNK	SÓC CHUỘT
SNAKE	CON NHÍM
SQUIRREL	ĐƯỜI ƯƠI

Review Time: Draw lines between the English word on the left and the corresponding translation on the right. Refer back to the original puzzle if you need help.

```
D E H S I F Y L L E J H N Ộ L I
Ủ N I T U H Ư A P B Ủ N S E I I
J Ể O Ư P P Ạ Y Ậ S M Q A R Z Ỏ
I I V I E R O C M X Á Ù O Ù B Ể
R B Á Ô L L U T Á Ạ R C H S I F
Ự O C C T A A X C E D Y Ể M R C
S A R C R Ử E H T O Ể A M Ọ Ô S
Q S A Á U J A S W B E Ự E Ự N T
L Ủ B H T L B Ố Ạ O C R Ộ D A A
Ậ A H E C O R C A Ồ Ủ Ã W R Ứ R
L V D O L P H I N O K A M S Ẩ F
Ứ F S A Ù T E G U H L R N I Ô I
Ư H E R U O Ứ F S R Ổ O A E Ẩ S
Ư S Ã Ộ T N Ù T U Ắ C I Ẩ H Ồ H
Ô O C Á V O I S Á T T H Ủ F S V
T A N Ể I B Ử T Ư S Q U I D U N
```

TURTLE	CÁ VOI
CRAB	MỰC ỐNG
DOLPHIN	SƯ TỬ BIỂN
FISH	CÁ
JELLYFISH	HẢI CẨU
LOBSTER	CÁ MẬP
OCTOPUS	CUA
ORCA	TÔM HÙM
SEA LION	CON SỨA
SEAL	CÁ VOI SÁT THỦ
SHARK	RÙA
SQUID	BẠCH TUỘC
STARFISH	CÁ HEO
WALRUS	SAO BIỂN
WHALE	HẢI MÃ

Review Jumble: The translations in the word list below have been scrambled. Draw lines between the left and right columns to find the correct translations.

```
G T U Ì Đ W E Ị Á Ị Ị I G I R Ị
I N T N E U P U E E H T E Á U S
A Đ O H C A S S O C À B R R N Ì
Đ Ố P T A L I R H Ẹ E Ố E Ẹ Y Á
Ì E H Á H S E A R Y Ẹ M H B T I
N R D I T T O U O N L Ẹ T D C F
H E Ú E H À S N H Ô E I O R A D
N H R G E Ị R T Ị N Á L M T A O
Ì T U D H H E F N G H À H A O I
L A R Đ L W E I U E Y E M C F A
D F E I D I E Á I A R T N O C P
Ố D H O Ố C H Á U T R A I N E Ị
O N T R E C Ô C H Ú S O P C J R
G A O Ẹ I Á G N O C H Ị G Á I G
T R R E H T O M D N A R G I O G
À G B Đ T N E G Á K A N P A T E
```

AUNT	CON CÁI
BROTHER	ÔNG
CHILDREN	CHỊ GÁI
DAUGHTER	BỐ MẸ
FAMILY	CHÚ
FATHER	MẸ
GRANDFATHER	CHA
GRANDMOTHER	BÀ
MOTHER	CON TRAI
NEPHEW	GIA ĐÌNH
NIECE	CHÁU GÁI
PARENTS	CHÁU TRAI
SISTER	EM TRAI
SON	CÔ
UNCLE	CON GÁI

Review Time: Draw lines between the English word on the left and the corresponding translation on the right. Refer back to the original puzzle if you need help.

```
A N R E T H G U A D D N A R G Ọ
Ẹ H . Ò A N W I N E E V E É Á D
Ị T F L Ò R R R R F L S Ợ A É A
É D Á H Ẹ Â T H O L E O W W W U
R D C Ọ H M E Ị H C H N A A A G
G D B X C H Á U T R A I L L L H
M Ợ N O U Â D N O C Â N N N N T
E Ẹ N A Y N C I H Ò I L I I I E
O R C O B O I I Ò R S A R R R R
Ẻ O I H U S . Á E Á R W E E E I
R T P S Ò D U H G T S F T H H N
H Ọ I V Â N T H É U I U S T T L
N N Á U Ợ A G B Y W Á Ẹ I O O A
A M G O F R Ẹ G Á B G H S M R W
H Ợ É S S G N Ò H C A H C T B G
Ị Ò B Ọ R A Á Ọ . E M B É A I Ẹ
```

BROTHER-IN-LAW	CHA CHỒNG
BABY	CHÁU GÁI
BOY	CON DÂU
COUSIN	CHÁU TRAI
DAUGHTER-IN-LAW	EM BÉ
FATHER-IN-LAW	BÉ TRAI
GIRL	CON RỀ
GRANDDAUGHTER	ANH RỀ
GRANDSON	CHỒNG
HUSBAND	VỢ
MOTHER-IN-LAW	MẸ CHỒNG
SISTER-IN-LAW	ANH CHỊ EM HỌ
SON-IN-LAW	BÉ GÁI
WIFE	CHỊ DÂU

Review Jumble: The translations in the word list below have been scrambled. Draw lines between the left and right columns to find the correct translations.

```
Ă N A T O C O O K Ĩ H C G M F H
S Ă U H N M I O T N T N H E R Ấ
Ă Ấ B Ì Ỏ Ỏ Z Ấ Ợ O I T O P A Y
Ĩ A H L K I R T R S F H K Ủ E D
Ấ N R À M S O E O U A O T Á H S
Ủ E I Ở Ở D A T O E A T L O O Ở
R Ợ Ă Ợ L D M O Ĩ À S S I L T T
Ă Ủ I Ỏ Đ Y A H T I U À O E O N
È Ì H S P E N T M A Y Ở B E C W
R N G H E N G O Ợ R N A Ĩ S H F
A N Ă A E Ă V W R S G G S O A T
Ở Ă Ì M L Ấ Á A R Y H Ấ Ủ T N Ă
Ủ U Ỏ T S L C I T E Ĩ N I E G W
Ĩ Ấ U T O O N T B È G E N O E G
D N È I T N Á O T H N A H T À R
A T Ĩ Ĩ S T T Ĩ E R Ủ Ấ Á W W N
```

TO ASK	MANG, VÁC
TO BE	THÌ, LÀ, Ở
TO CARRY	NHÌN
TO CHANGE	NẤU ĂN
TO COOK	ĂN
TO EAT	SUY NGHĨ
TO FOLLOW	NGHE
TO HEAR	ĐỢI
TO PAY	HÁT
TO READ	HỎI
TO SEE	THEO SAU
TO SING	NGỦ
TO SLEEP	NGHE
TO THINK	THAY ĐỔI
TO WAIT	THANH TOÁN TIỀN

Review Time: Draw lines between the English word on the left and the corresponding translation on the right. Refer back to the original puzzle if you need help.

```
Ị Y N Ó I F Ố G Ó Ẹ O L U P C T
À H S N Đ Ó N G Y Ẩ L Ê E I S Á
Đ Đ O I H K N Ẻ Ệ E Ị Ấ V Ê A S
A T Đ T R L T Ỡ S N S Ỡ M S Ệ L
D Ễ J O E T Đ O H Ỡ W O À Ế À E
N Ệ W E D P T A H D Ỡ M L M Ó V
A O R H Ú Ó E I A U Ẩ Ế V C T A
T O F I N D Ẻ M S L H I Ó Ì O R
S O G N Ổ U J M O Ị Ệ K M S D T
R I H Ẩ N Ẻ K S D C Ê M Ế C R O
E Ế H E J R E A Ê H O Ì Ó Ẩ I T
D À Q Ế L K S V E S E T B Á N O
N À I Ì A P O D O P Á O Z W K H
U Ê Y T Á E Ế À Ị L S D M Ổ M A
O G O Ệ Ê H R O F K O O L O T V
T T W R Ổ Đ Ổ Ố Ị A O T T Ẻ S E
```

TO CLOSE	ĐI ĐẾN
TO COME	CÓ
TO DO	DU LỊCH
TO DRINK	GIÚP ĐỠ
TO FIND	LÀM
TO HAVE	UỐNG
TO HELP	YÊU
TO LOOK FOR	HIỂU
TO LOVE	LÀM VIỆC
TO SELL	LẤY
TO SPEAK	TÌM KIẾM
TO TAKE	TÌM
TO TRAVEL	NÓI
TO UNDERSTAND	BÁN
TO WORK	ĐÓNG

Review Jumble: The translations in the word list below have been scrambled. Draw lines between the left and right columns to find the correct translations.

```
T W H Ọ Y O G Đ E H M W L Ộ E O
L Ả Ợ T O L E A R N E V I G O T
Ó Ờ É O R E T L T E Ợ L H C Ế E
Đ I T K L A W O T N E P O O T L
V T Ợ N I Đ I Ờ R R T Ẽ G I T B
Ở E T O W A N T L U H Ọ R O O A
E O O W C H Ạ Y A T N W O N D E
N Ó G Ạ Ả I W A Ó H O W H L A B
Ở Ọ O Y O Ả A C E T E B Ộ Ọ N O
S T Ẽ H Ợ N Ộ H Đ Ế Ó A U Ố C T
Ọ O Y Đ C Ạ Đ Ơ N I S H U Y E O
L L V Đ W Ợ Ế I J B E M R M C P
C E Ó Ạ J Đ S Đ B Ạ S T Ờ Đ F L
O A W E Ế E O Ọ Đ Ộ Ơ Q E E A A
Ó V A Ở O Ờ O T Ờ H L L S T Ộ Y
V E Đ F Ọ X A W Ố K Q Ó Đ I G L
```

TO BE ABLE TO	NỢ
TO BUY	MUỐN
TO DANCE	CHƠI
TO GIVE	BIẾT
TO GO	MUA
TO KNOW	NHẢY
TO LEARN	ĐI
TO LEAVE	CHẠY
TO OPEN	VIẾT
TO OWE	HỌC
TO PLAY	MỞ
TO RUN	ĐI BỘ
TO WALK	CÓ THỂ
TO WANT	RỜI ĐI
TO WRITE	CHO

Review Time: Draw lines between the English word on the left and the corresponding translation on the right. Refer back to the original puzzle if you need help.

```
Ỳ R M B N N T L Ố T E O Á Ứ Ọ Y
Ớ Ờ Ì Ủ A Ư À R R D Ớ R D Đ N Ổ
A Ờ E Â F Ủ Ơ Ờ Ứ R À A S T U Ớ
H Ổ O R Ơ L E M E N L U H Ứ À D
O Ư U À B E Ô T E A G C H Ọ E Y
E I G W Ọ M A T S A P Ủ Ư E N S
T Ữ Ủ Đ T W E V R T T H E G Ị K
A L Ờ H M I L K Ủ E H R Ô T C L
L Ữ O Ổ Ì T N M C Y C Ị U M A Ủ
O Ớ S U M D Ỳ I H Â Á X T O A R
C Ô S R H Ớ R L E C L L M S L I
O Ớ E G N Ờ Ư Đ E I À E A Ơ Ô F
H Ư Ư G Á À Ộ Ị S Á X Ư G E C E
C H N N B U T T E R U Ữ Â G Ô I
Đ Ư T Ủ Ớ V E G E T A B L E S A
S Đ Ữ Ư E Ì E L Ị B R E A D Ị A
```

BREAD	RAU CỦ
BUTTER	MỲ ỐNG
CHEESE	RAU XÀ LÁCH
CHOCOLATE	SÔ CÔ LA
EGGS	THỊT
FLOUR	ĐƯỜNG
FRUIT	BƠ
MEAT	PHÔ MAI
MILK	BÁNH MÌ
PASTA	NƯỚC
RICE	TRỨNG
SALAD	TRÁI CÂY
SUGAR	BỘT MÌ
VEGETABLES	CƠM
WATER	SỮA

Review Jumble: The translations in the word list below have been scrambled. Draw lines between the left and right columns to find the correct translations.

```
I  G  Ă  E  N  A  Ă  Ầ  S  F  O  Ầ  Ợ  Ă  M  E
F  D  E  D  Ữ  Y  T  Ă  À  Á  E  Ò  R  I  Ị  E
O  Ậ  M  Ậ  T  O  N  G  D  B  Ê  Y  À  K  T  B
Q  P  O  L  Y  G  A  Ừ  G  Ú  E  K  A  C  I  D
Ú  Ú  A  E  Ă  U  Ê  I  T  N  Ữ  E  K  A  Ố  Ầ
I  S  N  A  H  R  Q  A  O  Ò  B  D  F  E  U  U
R  I  O  C  Á  T  U  H  T  Á  Ă  Ư  B  S  M  Ă
W  I  A  U  H  Q  Ị  Á  N  E  P  T  Ậ  E  A  N
I  Ữ  L  Ị  P  D  Á  H  X  Á  Q  L  Ị  I  E  K
S  Ữ  T  H  À  Ậ  N  R  T  A  B  Z  I  K  R  R
D  B  M  A  L  G  Ọ  Ư  Z  Ố  O  T  C  O  C  E
Ò  Ú  T  S  Q  Ậ  À  C  O  O  C  I  P  O  E  T
U  Ừ  C  T  Ị  H  T  Ị  I  I  H  H  U  C  C  L
D  Ợ  I  U  R  E  À  Ợ  D  C  E  W  Ò  Ậ  I  Ọ
T  I  Ậ  E  Ă  C  S  A  H  Ầ  N  Ợ  Ợ  S  R  E
L  Ă  G  N  A  V  U  Ợ  Ư  R  E  P  P  E  P  E
```

BEEF	THỊT HEO
BEER	GÀ
CAKE	KEM
CHICKEN	RƯỢU VANG
COOKIES	MUỐI
HONEY	DẦU ĂN
ICE CREAM	BÁNH QUY
LAMB	SỮA CHUA
OIL	BIA
PEPPER	BÁNH NGỌT
PORK	THỊT BÒ
SALT	MẬT ONG
SOUP	THỊT CỪU
WINE	TIÊU
YOGURT	SÚP

Review Time: Draw lines between the English word on the left and the corresponding translation on the right. Refer back to the original puzzle if you need help.

```
O P Ê Ở Í U Í Ê Ự T R Á I M Ơ R
A R T P W Á Ệ D A R O Z L E Ệ Đ
S Ơ A I E A Ứ D I Á R T Ơ L À E
T C O N U A T R Á I L Ự U O E Ở
R E H E G R C E T C P B Ấ N E I
A E G A E E F H R A O Á H D A I
W T Ự P N G L E O M M Ở A Ư L Ẫ
B Ê Ê P A H G S P Ơ E T Ư A E Í
E O T L L P V P E A G L D G N M
R À P E A R R À L P R I O A Ậ Đ
R O Ấ S E H Y I N A A G Ứ N N H
I P L U M Í T À C G N R Q G O I
E R S Y Â T U Â D O A T G H M Ở
S O S V I Ệ T Q U Ấ T E N D E Ư
X T O Í E S E I R R E B E U L B
A S T N E H L Á Ê D Ậ Ậ R C D U
```

APRICOT	VIỆT QUẤT
BLUEBERRIES	CHANH VÀNG
EGGPLANT	BƯỞI
GRAPEFRUIT	DƯA HẤU
GRAPES	TRÁI CAM
LEMON	TRÁI MƠ
MELON	DÂU TÂY
ORANGE	LÊ
PEACH	CÀ TÍM
PEAR	DƯA GANG
PINEAPPLE	MẬN
PLUM	NHO
POMEGRANATE	TRÁI LỰU
STRAWBERRIES	TRÁI DỨA
WATERMELON	ĐÀO

Review Jumble: The translations in the word list below have been scrambled. Draw lines between the left and right columns to find the correct translations.

```
Q U Ả B Í N G Ò I H Â L A T A R H
Ò E Á N R A J R N N Â A Ả D N R R
I M Q E L P P A E W I G U E A Y Đ
Ỏ Í U O A A X D I E N H Đ H E N S
Ỏ I Ả Á H H C Í Ư À N I C L C E E
Đ Ó A B N H W A V A Ô P L C I À T
G U N A L R N G N X V O E R U Ô C
N H H Ử A A N A M T W À R P G Z H
Ô C Đ D T Ô C Â X P A E N N P U E
U I À B U N M K E G B L Í G N E R
H Á O H Í I Ò P B P N B O I A S R
C R C Ú Á Đ P B S E Ả Ô K U Ố L I
T T U R T E A A C U R P U L P Ỏ E
Ở Ư T Ư R N R O Q Ú M R I H Ả E S
R O H S A U Q S A U H M I M C H Ả
P Á A N Ô Ò R E P P E P D E R T O
O T A M O T L Á T F I G N U S Ả Ở
```

APPLE	QUẢ BÍ NGÒI
BANANA	SUNG
BLACKBERRIES	PHÚC BỒN TỬ
CANTALOUPE	ỚT CHUÔNG ĐỎ
CHERRIES	BÍ ĐAO
FIG	QUẢ BÍ NGÔ
GREEN PEPPER	TRÁI CHUỐI
LIME	ỚT CHUÔNG XANH
PUMPKIN	TÁO
RASPBERRIES	DƯA VÀNG
RED PEPPER	TRÁI MÂM XÔI ĐEN
SQUASH	CHANH XANH
TOMATO	CÀ CHUA
YELLOW PEPPER	ỚT CHUÔNG VÀNG
ZUCCHINI	QUẢ ANH ĐÀO

Review Time: Draw lines between the English word on the left and the corresponding translation on the right. Refer back to the original puzzle if you need help.

```
Đ R Ờ T Ị V N Â H C U A R Đ T R
C A U L I F L O W E R L M Ô Z Ô
A U I Ả Ả C Ỏ Ă K C P K Ă S W Ậ
R D B R O C C O L I Ằ O N I O N
R I S M C Ừ H À N H Y N G T O Ấ
O Ể U Ổ I C I B H R O E T A E B
T P G W I Ả L C E P Z H Â Â U Ô
E G A T Ả I A L Ô E D U Y Ả Y N
Ậ C R Ả E N E C Ủ I T Â Ủ Đ C G
Ă A A E I C I Ấ Ả I T S Ậ À Ả C
T B P P E L U C Ỏ I Đ U R N Ồ Ẳ
Ằ B S C R N P T A E X Ổ T O Ă I
Z A A A N Ấ P O T A T O E S N X
R G G Z B A H E N E L T Ă W D A
O E L A K K I H A Â L O Ấ N Ấ N
Ể P U Ă G T S C S S Ú P L Ơ Ú H
```

ARTICHOKE	RAU DIẾP
ASPARAGUS	ĐẬU XANH
BEETS	CẢI XOĂN
BROCCOLI	CÀ RỐT
CABBAGE	CẦN TÂY
CARROT	CỦ CẢI
CAULIFLOWER	SÚP LƠ
CELERY	RAU CHÂN VỊT
GARLIC	MĂNG TÂY
GREEN PEAS	BẮP CẢI
KALE	TỎI
LETTUCE	BÔNG CẢI XANH
ONION	KHOAI TÂY
POTATOES	CỦ HÀNH
SPINACH	ATISÔ

Review Jumble: The translations in the word list below have been scrambled. Draw lines between the left and right columns to find the correct translations.

```
D T W M Ư O B Ư Ă Ờ M Ở E Ư O A
D Ằ Á W O D N I W L S À S N E R
I N P Y N O Ò K I T C H E N Ă A
N G Ã H A W R V N R G N Ờ Ư I G
I H R Ằ Ò W I H Ằ H À N G R À O
N Ằ À L T N E M T R A P A C B À
G M A Đ G N G V G A R A G E É V
R D Ằ R Ẻ P E K I P B E D D Ổ G
O M O S L X H M H R N S N N L N
O O Á B A Ọ E Ò E Á D U Ă Ã Ở Ờ
M O R I W C N Ô N S C O G T N Ư
G R O Ờ N G Ộ T T G A H N S D Đ
W D O E T H Ế Ọ S Ô B B Ò Ủ Ê Ờ
O E F Ắ N É À Ở Đ O O É H Ă I T
H B M Ă Á Ủ G N G N Ò H P E Ằ Á
U Ổ C I Ã B Á Ắ Ổ S A Ử C E O Ư
```

APARTMENT	GIƯỜNG
BASEMENT	CĂN HỘ
BATHROOM	NHÀ Ở
BED	PHÒNG TẮM
BEDROOM	NHÀ ĐỀ XE Ô TÔ
DINING ROOM	BÃI CỎ
DRIVEWAY	PHÒNG BẾP
FENCE	CỬA SỔ
GARAGE	MÁI NHÀ
HOUSE	PHÒNG NGỦ
KITCHEN	TẦNG HẦM
LAWN	ĐƯỜNG VÀO GARA
LIVING ROOM	PHÒNG KHÁCH
ROOF	PHÒNG ĂN
WINDOW	HÀNG RÀO

Review Time: Draw lines between the English word on the left and the corresponding translation on the right. Refer back to the original puzzle if you need help.

```
E R E I L E D N A H C R Ặ Ở Ă I
N C L O O P G N I M M I W S Ò M
I Ấ A Ớ É E Y A T A B L E T H Ơ
H E T L Ẳ K S Ẩ E Ư T M D R É O
C A Ú E P Ủ N Ấ S O Á R M Á Ủ L
A F A U C E T Ặ S Y E Ò U D E Ò
M A D R Y E R Ấ G S Á R Ẳ C E S
G Á E Ă L B Ủ I S N F M T N Ấ Ư
N M Y I S U Ặ E F M Ủ C E N N Ở
I Ấ O H Ấ T R Ấ U G Ầ T P À È I
H T Ư Ò Ú H A U O U Đ Ẳ R M Đ Đ
S N Ệ B T T C I T Ư D Ă A M A Ư
A Ò Ệ Ơ A A B H R Ệ G Ẳ C Ấ Ủ L
W B Ặ I V B A Ụ E S M Ẳ H T S P
N B À N Ă N V Ò I N Ư Ớ C Ẳ Ơ W
P H Ò N G V Ệ S I N H H I G O Ẳ
```

BATHTUB	PHÒNG VỆ SINH
CARPET	BỒN TẮM
CHANDELIER	THẢM
CURTAIN	TỦ NGĂN KÉO
DRESSER	CẦU THANG
DRYER	ĐÈN TREO
FAUCET	ĐÈN
FIREPLACE	MÁY GIẶT
LAMP	LÒ SƯỞI
SWIMMING POOL	BÀN ĂN
STAIRS	MÁY HÚT BỤI
TABLE	HỒ BƠI
TOILET	MÁY SẤY
VACUUM	VÒI NƯỚC
WASHING MACHINE	TẤM MÀN

Review Jumble: The translations in the word list below have been scrambled. Draw lines between the left and right columns to find the correct translations.

```
Ể H I Ử O P Y Ầ S H O W E R Ủ N
N Ệ Ố P K S Ư I C S U D O I T A
O D G N S Ế H G I Á C R S E K F
A I I H G S L O P Ó R H S L S G
Ổ S Á Q N Y E V Ò I H O A S E N
Ẩ H C U Ơ Ạ T R M Ử L K Ơ I D I
À W Ò Ạ Ư À L Ò T C E L G Ô R L
O A S T G B I Ủ L T A N O N H I
C S E T I D Q Ớ T I A Ệ B W Ổ E
N H Ạ R E U B À N L À M V I Ệ C
C E C Ẳ Ả Ò D Ớ H A L L W A Y Á
Ớ R Ớ N N P G N Ớ Ư N Ò L R Ò I
Ò Ủ Á R O Ủ À Z Ô E Ô E O À W N
R O Ử V C H I M N E Y Ô S Ồ E Ô
E A E R E F R I G E R A T O R I
U N É H C A Ử R Y Á M Ơ Ủ N I A
```

CHAIR	TỦ QUẦN ÁO
CEILING FAN	TỦ LẠNH
CHIMNEY	MÁY RỬA CHÉN
CLOSET	VÒI HOA SEN
CRIB	NỆM
DESK	ỐNG KHÓI
DISHWASHER	BỒN RỬA
HALLWAY	QUẠT TRẦN
MATTRESS	BÀN LÀM VIỆC
MIRROR	CÁI NÔI
OVEN	CÁI GHẾ
PILLOW	CÁI GỐI
REFRIGERATOR	HÀNH LANG
SHOWER	LÒ NƯỚNG
SINK	GƯƠNG

Review Time: Draw lines between the English word on the left and the corresponding translation on the right. Refer back to the original puzzle if you need help.

```
K H Ă N T R Ả I B À N I K P A N
F I L Ĩ I A U Q Ó C C Ố C I Á C
L O Y V L À M E B Đ K H Ổ T H Ì
A L R W C À U A Ì H T I Á C T R
S A Ư K L Á Ổ X Ă S Á Ê P H O Ợ
A O Ợ G R S I N M Ó B P Ú E L G
H H U Ợ K E Ă N N T I B S R C Ì
O Ì Ú B T N P H Ĩ E Á Ì N W E M
H Ê Ă A O I I P E A C N Ă M L D
Ă S L O S W Ê F E S Ó H G D B L
Ợ P P T Ê S L U E P Ả C N Q A Ú
Ổ S Đ Ĩ A S A Á M O N Ó Ổ I T O
Ú L S L D U Ổ L U O H Q U Ì H Ú
P Ổ T Ê H P À C G N Ổ U M C L R
Ổ N Ă N O O P S E L B A T Ó Ư Ổ
E Ĩ A B S S A L G E N I W R A S
```

BOWL	CÁI BÁT
FORK	BÌNH CÓ QUAI
GLASS	CÁI THÌA
KNIFE	CÁI NĨA
MUG	ĐĨA
NAPKIN	MUỖI
PEPPER	KHĂN ĂN
PITCHER	DAO
PLATE	LY RƯỢU
SALT	TIÊU
SPOON	LY
TABLECLOTH	KHĂN TRẢI BÀN
TABLESPOON	CÁI CỐC CÓ QUAI
TEASPOON	MUỖNG CÀ PHÊ
WINE GLASS	MUỖNG ĂN SÚP

Review Jumble: The translations in the word list below have been scrambled. Draw lines between the left and right columns to find the correct translations.

```
T Ô È T T Ổ Ỏ Ố Ớ T H T H S L W
H Ớ Ư Ư C L Ớ P O Ì I A Á T I R
Ư T Ì V Đ W L È T Ế L Ỏ M R C E
Ớ È Í E A Ớ Ư E H Â B B U M N V
C T Ú S I N A I L Ú O Y Â O E I
C H Ớ R Ổ Ư N U T L A H Â È P R
U Ư A H C Â M C T Í I Ú A R R D
Ộ Ớ P I W I H K N Ỏ V R B E A W
N C Á Ì Y Ì Í W C A A U D Y N E
H C N E R W Ớ Ố R A O D T A Â R
Ì Â Ả Á P I H R G N A H T I Á C
A N L Ộ N N N T L Ố W K L Á S
Ế B C Á I K È M I F A E E Y È C
Á Ả Ú Đ E Z Ư Á E Đ Ế V H Ỏ Á W
Â N O E R U S A E M E P A T W M
È G I I S C R E W L Ì O M I Y T
```

BOLT	CÁI KÈM
DRILL	CÁI THANG
HAMMER	MÁY KHOAN
LADDER	CÂY BÚA
LEVEL	THƯỚC CUỘN
NAIL	BÚT CHÌ
NUT	CÁI CƯA
PENCIL	CÁI TU VÍT
PLIERS	ĐAI ỐC
SAW	ỐC VÍT
SCREW	MỎ LẾT
SCREWDRIVER	THƯỚC CÂN BẰNG
TAPE MEASURE	ĐINH ỐC
WRENCH	ĐINH

Review Time: Draw lines between the English word on the left and the corresponding translation on the right. Refer back to the original puzzle if you need help.

```
Y Ó U T D U E T È Ủ Đ H Ỏ Ò Á Ằ
Ù I A Ê N Ê L I G O Á H O L O À
T È Ắ Ù Ớ E Ù N Đ S A E N Ổ L Ỏ
Ằ D O Ư B Đ Ò Ằ S T N A P Ó E C
E Ằ Ấ G N Đ M H S H C Ê E B N G
À N Q Ằ Ằ L R E A V O À O À D N
Ó T U R I N V Ê M Ỏ E R V N À À
Á Q Ằ Ê Ò O G Ớ A W H S T Ạ I O
O C N O L S E T J T D W T S T H
Ủ E T G Ủ O I T A O C E I H A C
Á H Â I H C T B P Y Ù A Ấ O Y N
T H Y À U K K R N I R T M E Ù Ă
N Ê D Y Ư S C A R F L E T S A H
E W À Ù D R E S S Ư Ê R O Á L K
P D I À O G N G N À O H C O Á Ó
Á O C H O À N G T Ắ M Ù I R E A
```

BATHROBE	ĐỒ NGỦ
BELT	ÁO CHOÀNG TẮM
COAT	THẮT LƯNG
DRESS	KHĂN CHOÀNG CỔ
GLOVES	QUẦN TÂY DÀI
HAT	GIÀY
NECKTIE	ÁO LEN DÀI TAY
PAJAMAS	ÁO GI LÊ
PANTS	CÀ VẠT
SCARF	ĐẦM LIỀN
SHOES	GĂNG TAY
SHORTS	VỚ
SOCKS	ÁO CHOÀNG NGOÀI
SWEATER	QUẦN ĐÙI
VEST	NÓN

Review Jumble: The translations in the word list below have been scrambled. Draw lines between the left and right columns to find the correct translations.

```
Y A T G N Ò V Á Y À Á L Â Ò S É
Đ Q I Ò J T R I K S L A D N A S
Ò R U É E Z C B O O T S É E Ở Ự
L J S Å A E Ự D R Ê N Đ N C S H
Ó S M R N H G Ố L A Ờ Ơ J K C S
T R I H S Á N M H B C R S L W R
H E W D Ê Ó O V Ơ Ổ A E D A R E
A I S Â E C Á I Ò E Ê É L C I D
Ò T T Y Ò Y M B W N P S E E S N
Å W Đ Đ S Ơ N R E X G S B U T E
Ê O Ọ E S Å E S Ă Ồ Á Đ U R W P
Å B Ổ O U D U N L T Â E E I A S
Ê Ự Á Q N U G I À Y Ổ N G O T U
É A Y U Đ Đ N G N I H T O L C S
Ò Ổ Á Å A G D Ầ T Ó H Ò N C H Ổ
R Đ Ò N G H Ồ Đ E O T A Y I U W
```

WRIST WATCH	ĐỒ LÓT
BOOTS	BỘ ĐỒ COM LÊ
BOW TIE	ÁO NGỰC
BRA	DÂY ĐEO QUẦN
BRACELET	ĐỒNG HỒ ĐEO TAY
CLOTHING	VÒNG TAY
JEANS	DÉP XĂNG ĐAN
NECKLACE	QUẦN ÁO
SANDALS	ÁO SƠ MI
SHIRT	GIÀY ỐNG
SKIRT	VÁY
SUIT	VÒNG ĐEO CỔ
SUSPENDERS	NƠ CỔ
SWIM SUIT	ĐỒ BƠI
UNDERWEAR	QUẦN BÒ

Review Time: Draw lines between the English word on the left and the corresponding translation on the right. Refer back to the original puzzle if you need help.

```
U Ả Đ I Ọ G U Ả D K C I T S P I L
G S M S K Í N H Á P T R Ò N G Ở À
H N O Á R Ạ A Ẹ T Ư A O H C Ớ Ư N
S S Ă N Y E Ả Ả I N T Z I Ọ Ả À R
U S O R M S Ú Ù G M C A F Ỉ S D D
R Ả O A H Ô Ấ Đ H O C R Í E Ắ E O
B T P L P N I Y N A M Ú S F O E K
H P M Ư F Ẻ Á D T O I N S D Đ X E
T E A Ợ M L I Đ U Ó E R O C À Ẹ M
O R H C D T A T I L C R D B Ớ A Đ
O F S N I A H T T Ả A Ả Ô R K Ư Á
T U I O B W O C N N H N X E Y Ư N
F M N M A Đ A C T E G C U U H E H
Ạ E O S T T T Ă Ạ T D P N Ò Ả Ạ R
R C H Ỉ N H A K H O A Đ Ớ À Ư D Ă
D T O O T H P A S T E A Ử R B D N
E L C H Ấ T K H Ử M Ù I I Ô V Ử G
```

COMB	DÀU GỘI ĐÀU
CONDITIONER	DAO CẠO
CONTACT LENSES	NƯỚC SÚC MIỆNG
DENTAL FLOSS	KEM ĐÁNH RĂNG
DEODORANT	NƯỚC HOA
HAIR DRYER	CHẤT KHỬ MÙI
LIPSTICK	MÁY SẤY TÓC
MAKEUP	XÀ BÔNG
MOUTHWASH	LƯỢC
PERFUME	CHỈ NHA KHOA
RAZOR	BÀN CHẢI ĐÁNH RĂNG
SHAMPOO	TRANG ĐIỀM
SOAP	KÍNH ÁP TRÒNG
TOOTHBRUSH	SON MÔI
TOOTHPASTE	DÀU XẢ

Review Jumble: The translations in the word list below have been scrambled. Draw lines between the left and right columns to find the correct translations.

```
Â S Ỏ Á S I Ê U T H Ị Ỏ À Ệ Ô A D
R B Ệ N H V I Ệ N K Ể M U S E U M
A M R A F T R Ạ M C Ứ U H Ỏ A E C
T I Ả I D Ậ E B R Ợ B F H U Ứ Ử O
R R R C D Ẹ Ạ K A T I N Ợ Ỏ A Đ S
Ư Ờ A P R G P Ậ R R G Ư Ẩ H N N G
Ờ G Ỏ I O Ứ E A E A R N À H V Ệ L
N N E S N R S S R N M N Ô I Ạ I O
G Ọ C T Ờ S T I Á T G R Ệ N G Đ O
H Đ I A N A T U L B M N E H Ẩ U H
Ọ N F D T E Q A Á Ử B E T P H Ư C
C Ậ F I R N T C T Ả C H N Ả U B S
Â V O U Đ I H Ử O I O D I T A S G
Y N T M P H N T F U O Đ Ô W Ô R A
C Â S S Ó I À F S V Ă N P H Ò N G
Ả S O A Ê N O E Ộ N S Â N B A Y Ộ
U H P O G Ạ F C G A X E L Ử A Ị Ứ
```

AIRPORT	NÔNG TRẠI
BAR	BƯU ĐIỆN
BRIDGE	SIÊU THỊ
DEPARTMENT store	TRƯỜNG HỌC
FARM	SÂN BAY
FIRE STATION	HẢI ĐĂNG
HOSPITAL	VĂN PHÒNG
LIGHTHOUSE	TRẠM CỨU HỎA
MUSEUM	SÂN VẬN ĐỘNG
OFFICE	QUÁN RƯỢU
POST OFFICE	CÂY CẦU
SCHOOL	BỆNH VIỆN
STADIUM	VIỆN BẢO TÀNG
SUPERMARKET	GA XE LỬA
TRAIN STATION	CỬA HÀNG BÁCH HÓA

Review Time: Draw lines between the English word on the left and the corresponding translation on the right. Refer back to the original puzzle if you need help.

```
S E Ệ P O L I C E S T A T I O N I
P O H S E E F F O C G H W O Ỏ G L
H A E L T S A C X W Ư T Ệ N H Â Ư
Ĩ C R N Ô I U Ố L V Á S G B Y N O
H Ọ A K T Ọ T O I S G H A C R H T
Á H L Y T Q C Ệ H H Ĩ N A E A À Á
Ả I Â Ở R Ử N N C A K M Ả R R N H
Ạ Ạ U N A E Ả Ờ T Ô R S R C B G P
Ị Đ Đ H Ạ C T R L A N E E S I O Ạ
T G À V Ṅ S A E H E S G P Ọ L Ả R
N N I Ồ S N H P M T O N V Ở R H H
G Ờ Đ T G S H C A E N H Ô I À Ê Á
E Ư Q R T O Q U Á N C À P H Ê Â Ờ
Ở R E O T Â R E N H À H À N G N R
Ê T R E T A E H T B K Á E Ọ X S T
T E L U N I V E R S I T Y S O Ạ A
H T Ố T Y Â T C Ổ U H T M Ệ I T B
```

BANK	NGÂN HÀNG
CASTLE	KHÁCH SẠN
CEMETERY	TIỆM THUỐC TÂY
COFFEE SHOP	NGHĨA TRANG
HARBOR	QUÁN CÀ PHÊ
HOTEL	ĐỒN CẢNH SÁT
LIBRARY	THƯ VIỆN
OPERA HOUSE	TRƯỜNG ĐẠI HỌC
PARK	LÂU ĐÀI
PHARMACY	CÔNG VIÊN
POLICE STATION	NHÀ HÁT
RESTAURANT	NHÀ HÀNG
STORE	CỬA HÀNG
THEATER	HẢI CẢNG
UNIVERSITY	RẠP HÁT

Review Jumble: The translations in the word list below have been scrambled. Draw lines between the left and right columns to find the correct translations.

```
T N T E E R T S Y A W E N O Á S
H Đ È N G I A O T H Ô N G Ă S N
G U Ẻ B U S S T O P B U S G Ã Ạ
I È I Ạ B H E Ô R I E W Ư A S N
L I R Ả O Ã L L Ẻ Ạ L Đ C S T I
C H I Ư Ã À I N C G M C H O O A
I C Ả G N N B Đ E Y I X L L P T
F T T X I Á O Ý Ậ D C G Ă I S Ý
F Ọ E A O A M I E U N R Ộ N I U
A M X D K S O N T I X È O E G B
R G Ừ F E C T T K A X E A T N E
T N Ă G È N U R H I T E M Ă O X
G Ờ C I F F A R T Ô L S B Á Ộ M
A Ư Ô T Ô P O L T X N È S U Y Ạ
Ô Đ L Ờ S A R Đ Ư Ờ N G Ộ A Ý R
Ừ O Á C D Y À Đ Ả S E X Ă N G T
```

AUTOMOBILE	ĐÈN GIAO THÔNG
ACCIDENT	ĐƯỜNG
BUS	GIAO THÔNG
BUS STOP	XE MÁY
GAS STATION	XE BUÝT
GASOLINE	XĂNG
LANE	TRẠM XE BUÝT
MOTORCYCLE	Ô TÔ
ONE-WAY STREET	BIỂN BÁO DỪNG
PARKING LOT	TAI NẠN
ROAD	LÀN XE
STOP SIGN	TRẠM XĂNG
TRAFFIC LIGHT	ĐƯỜNG MỘT CHIỀU
TRAFFIC	XE TẢI
TRUCK	BÃI ĐẬU XE

Review Time: Draw lines between the English word on the left and the corresponding translation on the right. Refer back to the original puzzle if you need help.

```
M T N G X E T Ă N G Í È Ê X Ư X
Á Á È I F E R R Y P Ạ Đ E X E U
Y S Y O Ự B Đ E L C Y C I B Ộ T
B H U B L N O I R H Ứ A U Ự À R
A N H À A A R A Ệ U R Ý W U V A
Y Ả T F Ử Y C E T N T E Đ B F I
X C I L I E T H T C N Ệ Ê H U N
E E E Ơ C R Ư R Ủ P M G O N E S
N X C I Đ Ơ E A Ự K O V Ầ C C U
A L L Ứ N X T T H C E C N M A B
L O Đ G U R P Í R R T A I Ờ N L
P K I Ò Ư H O Ử C U L H R L O O
R È N Ờ À Ư Ỏ R Ă U C Ỏ Ă S E O
I G N A I Ă A A B G A K Ỏ N O H
A G Đ V T F R M Ầ G N U À T G C
Ự H Ă Ò T T A E N I R A M B U S
```

AIRPLANE	XE BUÝT CỦA TRƯỜNG
AMBULANCE	XE ĐẠP
BICYCLE	TÀU ĐỆM KHÍ
BOAT	XE LỬA
CANOE	XUỒNG
FERRY	XE CỨU THƯƠNG
FIRE TRUCK	PHÀ
HELICOPTER	THUYỀN
HOVERCRAFT	XE ĐIỆN NGẦM
POLICE CAR	MÁY BAY
SCHOOL BUS	TÀU NGẦM
SUBMARINE	XE TĂNG
SUBWAY	XE CỨU HỎA
TANK	XE CẢNH SÁT
TRAIN	MÁY BAY TRỰC THĂNG

Review Jumble: The translations in the word list below have been scrambled. Draw lines between the left and right columns to find the correct translations.

```
Ý W A R A B I C Ứ Đ G N Ể I T V Ậ
G M A N D A R I N Á H Â D Ệ Ậ A Ỏ
N T Ậ H N G N Ể I T T S I R À O D
Ể N I N N S T Ố H I O V I Ò I I Ê
I A Ệ Ế Ò N T I Ể N G H Y L Ạ P C
T L H Ệ N G A N Ể N A Á O O O Ố E
Ạ A T N Y G G B Ể N S G H T U P S
Ả B G W O Ả P I Y S G T N Q Ý P E
Ứ G J N R À T H Ả Â N D N Ể O M M
W N A Ậ G F Đ E Á A T À O R I N A
E Ê P R R N N Ò U P H G T T R T N
R I A E G G Ể Q B G G U N U H E T
B T N R L Â G I N G G E S Ê B Á E
E C E I E N À Ế T U N S R O I Ậ I
H E S Ý Ế R I S E U I Ế O M O T V
K H E I Ệ T Đ S Đ A H S I N A P S
D U T K O R E A N A I L A T I N Đ
```

ARABIC	TIẾNG HÀN QUỐC
ENGLISH	TIẾNG ANH
FRENCH	TIẾNG Ý
GERMAN	TIẾNG TÂY BAN NHA
GREEK	TIẾNG BA LAN
ITALIAN	TIẾNG HY LẠP
JAPANESE	TIẾNG NHẬT
KOREAN	TIẾNG QUAN THOẠI
MANDARIN	TIẾNG NGA
POLISH	TIẾNG PHÁP
PORTUGUESE	TIẾNG ĐỨC
RUSSIAN	TIẾNG Ả RẬP
SPANISH	TIẾNG VIỆT
HEBREW	TIẾNG DO THÁI
VIETNAMESE	TIẾNG BỒ ĐÀO NHA

Review Time: Draw lines between the English word on the left and the corresponding translation on the right. Refer back to the original puzzle if you need help.

```
T H Ợ Đ I Ệ N U R S E C N Í P Í
S H Ô T B Á C S Ĩ N H A K H O A
I P R E T N E P R A C Á H Y L O
T E I Y G I Á O V I Ê N Ứ ' I T
N C H L A Ỏ H U Ứ C H N Í L C S
E Ê E K O A R C A I Ô R T U E I
D B I T S T A O Ô R E Ư Ĩ Ậ O R
C F Á V I ' Ứ I T T S Ư G T F T
Ộ E E C N H Ý Ợ H C R N N S F A
M Í N H S Ế C G Ú E O L Ô Ư I I
Ợ B S G C Ĩ I R C L T D C O C H
H Á Ợ K I F T D A E C A I Ê E C
T C Ỳ Ô E N Ậ Â T E A C H E R Y
' S I R Ê Ứ E A M Ú N L P E Í S
Ư Ĩ I I Â À Đ E Ú L Đ Ầ U B É P
Q F K L A W Y E R Ý Ý À Ỹ I Ợ O
```

ACTOR	BÁC SĨ NHA KHOA
ARCHITECT	LUẬT SƯ
CARPENTER	PHI CÔNG
CHEF	KỸ SƯ
DENTIST	GIÁO VIÊN
DOCTOR	ĐẦU BẾP
ELECTRICIAN	DIỄN VIÊN
ENGINEER	THỢ ĐIỆN
FIRE FIGHTER	Y TÁ
LAWYER	LÍNH CỨU HỎA
NURSE	CẢNH SÁT
PILOT	BÁC SĨ
POLICE OFFICER	KIẾN TRÚC SƯ
PSYCHIATRIST	THỢ MỘC
TEACHER	BÁC SĨ TÂM LÝ

Review Jumble: The translations in the word list below have been scrambled. Draw lines between the left and right columns to find the correct translations.

```
Ơ F Ĩ Ĩ N Y A M Ợ H T G N Ô C Ũ V
Á C Ứ S A C C O U N T A N T A Y Ễ
N Ớ T C Ệ T H Ợ H Ớ T T Ó C Ờ Ô H
H Ư T Ự Ở H S Í Ô Ấ À C C A P P H
Â N O L G L G I N Í Ọ E Ạ R M O R
N G Ư Ờ I B Á N T H Ị T O T E L E
V N H Ạ C S Ĩ Ự A N T F Ọ I C I B
I Ô H Ũ K W M O T H E R Í S H T M
Ê A A Ê Ứ Ế H U Ợ S E I Ị T A I U
N Ử Ử L Ệ K T C S H I G C G N C L
C S D R À Ự Ơ O C I E R I S I I P
Ấ Ợ A H E K R T Á U C T O Á C A Ị
P H N Ê H B U Ệ N N E I E L O N R
C T C Í Ệ B R Ư I Ờ V Y A L F S L
Ứ A E Ư P A R A M E D I C N H Ử Ư
U Ớ R O L I A T B Í Ư À Ê Ờ Ợ T S
E R O N H Â N V I Ê N B Á N H O A
```

ACCOUNTANT	KẾ TOÁN VIÊN
ARTIST	CHÍNH TRỊ GIA
ATHLETE	THỢ CƠ KHÍ
BARBER	THỢ HỚT TÓC
BUTCHER	NHẠC SĨ
DANCER	THỢ MAY
FLORIST	THỢ SỬA ỐNG NƯỚC
MECHANIC	NHÂN VIÊN CẤP CỨU
MUSICIAN	NGƯỜI BÁN THỊT
PARAMEDIC	NGHỆ SĨ
PLUMBER	GIÁO SƯ
POLITICIAN	VŨ CÔNG
PROFESSOR	NHÂN VIÊN BÁN HOA
SCIENTIST	NHÀ KHOA HỌC
TAILOR	LỰC SĨ

Review Time: Draw lines between the English word on the left and the corresponding translation on the right. Refer back to the original puzzle if you need help.

```
W F Y T N J T R A N S L A T O R Ư
Í L A R E N E D R A G S L S A E Ê
N Í S R I V Ư W Ê Ế S W N I Ê V B
Ư N Ê M M Ợ E M E B L Ê Y L Ị I Á
U H Ờ H C E Â T A L I D T A N R C
R T T S C H R R E V E Ý I N A D S
E S Ĩ A O A T E H R U R G R M S Ĩ
V I O Ĩ Ư E H C I B I Ư Ư U R U T
I C R L N Đ Ị P E R Ờ N P O E B H
R A E D D D I X N I R N A J H Ĩ Ú
D M E W G I Ê Ờ L Ê G A H R S Â Y
I R E N Á X E À Ư Ư I E C Ư I Ý V
X A Ô T I L M R D G Ị V L L F A R
A H Ú À R V N Â D G N Ô N I I O N
T P T Ú Ư Í N N H À B Á O Â A A W
Ú T Ờ Ờ F I X A T Ê X I À T H Â M
N G N À Ờ Í T H Ợ K I M H O À N Ô
```

BARTENDER	TÀI XẾ XE BUÝT
BUS DRIVER	LÍNH
FARMER	NGƯỜI LÀM VƯỜN
FISHERMAN	NÔNG DÂN
GARDENER	THÔNG DỊCH VIÊN
JEWELER	BÁC SĨ THÚ Y
JOURNALIST	NHÀ BÁO
MAIL CARRIER	THỢ KIM HOÀN
PHARMACIST	NGƯỜI ĐƯA THƯ
SOLDIER	DƯỢC SĨ
TAXI DRIVER	TÀI XẾ TAXI
TRANSLATOR	NGƯ DÂN
VETERINARIAN	NHÂN VIÊN PHA CHÈ

Review Jumble: The translations in the word list below have been scrambled. Draw lines between the left and right columns to find the correct translations.

```
T O G N Ơ Ư V N Ê I H T O A S A
O E D Ệ R Đ Ờ S Ờ À G C S O I Ỏ
E G M E Ộ U A R N U N R L R S O
Ệ N N O Đ O T H R Ờ Ă A T Ả A Ơ
Y Ơ F M C T T A Đ E R T Ấ Ỏ O M
G Ư E H Ặ I N Ạ S S T E Đ S D Ỏ
S V Ổ M N U Y A Y O T R I Ỏ I W
A I S H S Ủ O S R J Ặ O Á Ờ Ê H
O Ả N Ă H M T Ộ U N M U R Ổ M W
H H N T Ộ E Ộ P C I U T T X V Ạ
Ỏ O O C M D I O R E T S A Ấ Ư T
A A N E P T U N E Ặ M A Y H Ơ W
S S U N E V U Ờ M I K O A S N I
M E A R T H O Ệ P L U T O N G Ỏ
L Ấ P Á M Ạ H C A V Ổ H H N O V
T Ơ Ặ E Ủ Ổ E T Ơ I Đ Ổ T Đ E Ệ
```

SOLAR SYSTEM	SAO THỔ
MERCURY	TRÁI ĐẤT
VENUS	SAO CHỔI
EARTH	SAO HỎA
MOON	HỆ MẶT TRỜI
MARS	MẶT TRỜI
JUPITER	SAO DIÊM VƯƠNG
SATURN	HỐ VA CHẠM
URANUS	HÀNH TINH NHỎ
NEPTUNE	SAO MỘC
PLUTO	SAO THỦY
SUN	MẶT TRĂNG
CRATER	SAO HẢI VƯƠNG
ASTEROID	SAO KIM
COMET	SAO THIÊN VƯƠNG

Review Time: Draw lines between the English word on the left and the corresponding translation on the right. Refer back to the original puzzle if you need help.

```
Á T Ò K È N T U B A S S A Ạ Ò O
À Ĩ S O V T E P C Ạ H N À Đ T P
C R D M U I M C I Ô Đ S T R R Y
U A H B U E O Ầ V A E I P A Ố E
À M A E L R N L C P N H H T N Ú
Ú Ả R Ả D A D O I Ỗ O O T I G È
R C M I D Ạ Ỗ P B N H E R U L H
O G O Đ A Ị G M G M P U E G Ụ Đ
T N N Ầ Ụ A Ẳ C I M O L L E C À
R Ơ I P B C Ẳ Ú U B X R T H L N
Ố Ư C Z Ĩ M T R M S A Ụ T E Ạ G
N D A V I N T A O Á S G N Ố C H
G N N K È N T R O M B O N Á À I
O À S K È Ạ F L U T E P M U R T
Đ Đ D K K È N H A R M O N I C A
A D A E N O H P O X A S N È K T
```

ACCORDION	KÈN TROMBON
BAGPIPES	PHONG CẦM
CELLO	ĐÀN GHI TA
DRUMS	ĐÀN VĨ CẦM
FLUTE	KÈN TÚI
GUITAR	TRỐNG LỤC LẠC
HARMONICA	HỒ CẦM
HARP	ĐÀN HẠC
PIANO	KÈN HARMONICA
SAXOPHONE	TRỐNG
TAMBOURINE	ĐÀN DƯƠNG CẦM
TROMBONE	KÈN SAXOPHONE
TRUMPET	KÈN TRUMPET
TUBA	KÈN TUBA
VIOLIN	ỐNG SÁO

Review Jumble: The translations in the word list below have been scrambled. Draw lines between the left and right columns to find the correct translations.

```
S Ã À D N Ú Ự D Ạ Ù B O R E D Ấ
I Ê E S U R P R I S E D M N F S
Ù Ộ S Ộ L N H B H N Ò O Ê Ự U N
Ự E B E E G Ẫ Ạ Ố O T P R O U D
B Ồ N C H Ồ N C A I H Á V C Ờ Ở
S D Ờ Á Ự H K Ù O S R R H O W N
Ã E U E P B H N G N E Ố N N O T
Ở T B H I S Ở A J N F Ê I F R T
N I Ú Ò C N I T Ự T I U Ợ I R E
Ê C Y A S Á Ả A R H S Ạ S D I T
Ự X R V L H S G N H S Ạ G E E Ợ
Ú E G Á O C Y C Ú X M Ẫ C N D Ú
D À N O L D Ạ P Ự O À H Ự T Ộ Ã
E D A Ẫ Ẫ G A U P R S H Ù Ù N Ú
Ợ B S Ú N D E S S A R R A B M E
Y O Ự E G S E À I Ã H Ợ S Ở D E
```

EMOTION	BỒN CHỒN
HAPPY	LO LẮNG
SAD	BỐI RỐI
EXCITED	BUỒN
BORED	PHẤN KHỞI
SURPRISED	NGẠI NGÙNG
SCARED	SỢ HÃI
ANGRY	CHÁN
CONFUSED	BỰC BỘI
WORRIED	TỰ HÀO
NERVOUS	NGẠC NHIÊN
PROUD	TỰ TIN
CONFIDENT	CẢM XÚC
EMBARRASSED	HẠNH PHÚC
SHY	NHÁT

Review Time: Draw lines between the English word on the left and the corresponding translation on the right. Refer back to the original puzzle if you need help.

```
Ó D Ê E Ậ Ạ Ê E C O L D Ị Ứ N G
P U N Ậ Y Ả H C U Ê I T H N Ệ B
Ệ I Ả Ỳ H Ư C D Ậ A Ũ D C A Z R
Ê B F Đ U O Ú R B F M H Ả U L F
Ậ Ệ S E U Q M E U A U O M S G Ệ
Ả N Ê G V A T Ậ O Ộ Á Ả L E N Đ
T H H E Ủ E Đ Ộ T E M Ó Ạ A Ù Ờ
L T N I S Y R R Đ Y Y D N N R Ị
Ạ I A E Ủ P Ú Q G D Ả E H Ạ T Ệ
Ậ Ẻ B H K T M R I O H E Ả N M I
À U T C Ả O E A Ê Y C L I L Ễ H
D Đ Á A I L R W R T Ù B Ử R I Y
E Ư H D L R R T Ố C Ỗ E A K H Q
T Ờ P A H G N Ó S Y A S Ễ Ú N Ủ
I N F E C T I O N Ủ H O Ả O N O
Ạ G A H Ờ C H I C K E N P O X H
```

ALLERGY	SAY SÓNG
CHICKENPOX	DỊ ỨNG
COLD	BỆNH TIÊU CHẢY
COUGH	BỆNH TIÊU ĐƯỜNG
CRAMPS	CẢM LẠNH
DIABETES	THỦY ĐẬU
DIARRHEA	ĐAU ĐẦU
FEVER	ĐỘT QUỴ
FLU	CÚM
HEADACHE	SỐT
INFECTION	NHIỄM TRÙNG
NAUSEA	CHẢY MÁU MŨI
NOSEBLEED	CHUỘT RÚT
RASH	PHÁT BAN
STROKE	HO

Review Jumble: The translations in the word list below have been scrambled. Draw lines between the left and right columns to find the correct translations.

```
M Â L O Ã N G N Ơ Ư H T N Ẩ H C
I E Q U A I B Ị S A R Ế P Í M A
T R Í I Đ E Ử Ệ S Ú Y U B U C H
U U O I A P Ơ E N U Í Ế M C O E
A T N Ẩ U E L G S H I P I Ơ N A
Đ C Ẩ B B S P N B Ấ S D Ơ H C R
D A U Ở A H E I Í O E Ở I N U T
O R U E O H Ư Ấ L N N Ế I C S A
N F M N T Ấ Ấ G T E M G B D S T
G Ị G I Ử Ị Ã Ạ N V P Í G I I T
Ị N Ị A A A Â Ế I Ơ I S T Â O A
I Ạ Ấ R M W Đ R L E Ư R Y M N C
Í N Ạ G H N Ú Ầ C E M X U H Ầ K
A I D I T T B R U I S E Y S Ỏ B
Ơ A O M S P R A I N N Ơ C Ã E Ử
S T O M A C H A C H E B Ỏ N G G
```

ACCIDENT	TAI NẠN
ASTHMA	ĐAU TIM
BRUISE	TRÚNG PHONG
BURN	QUAI BỊ
CONCUSSION	HEN SUYỄN
EPILEPSY	GÃY XƯƠNG
FRACTURE	BỆNH SỞI
HEART ATTACK	CHẤN THƯƠNG NÃO
MEASLES	BỎNG
MIGRAINE	ĐAU BAO TỬ
MUMPS	BONG GÂN
SPRAIN	ĐAU NỬA ĐẦU
STOMACH ACHE	BẦM TÍM
VIRUS	NHIỄM VI RÚT

Review Time: Draw lines between the English word on the left and the corresponding translation on the right. Refer back to the original puzzle if you need help.

```
Ì  N  Ạ  Â  Q  B  Ô  R  D  N  N  Ô  Ê  S  I  Đ
A  S  O  W  H  A  T  T  I  M  E  I  S  I  T  P
Â  Ò  Ò  Ò  H  O  H  W  K  L  Ò  T  Ỏ  S  H  Ì
U  L  Đ  O  N  X  H  H  Ô  R  Ạ  E  R  O  O  H
G  Ê  G  K  T  A  I  O  Ờ  E  H  O  W  E  W  À
N  V  I  Ờ  T  N  D  I  W  I  S  M  S  H  A  N
Ô  O  Ắ  H  À  D  G  P  N  F  A  U  E  E  R  P
H  Y  A  O  N  Y  Ô  W  À  N  A  R  R  T  E  A
K  H  E  W  Ấ  O  R  C  Y  C  E  R  Ô  T  Y  Ờ
E  Ò  U  M  Ỏ  I  A  O  E  E  O  O  Â  Ạ  O  Ạ
Ỏ  Ạ  Ê  U  S  Ờ  Ờ  B  A  O  N  H  I  Ê  U  E
H  N  Y  C  Â  O  O  Ở  K  S  Á  Á  G  N  L  O
K  Q  Ờ  H  D  Đ  Ô  I  T  W  I  E  B  D  O  G
N  Ì  A  À  W  Ì  Ờ  V  A  H  Ấ  Ạ  Ê  R  O  O
Ạ  Ò  U  C  Á  I  G  Ì  Đ  E  N  Đ  T  E  Ê  T
B  I  Ê  N  H  Ư  T  H  Ê  N  À  O  A  Â  Q  T
```

BECAUSE	AI
HOW	BẠN KHỎE KHÔNG
HOW ARE YOU	BAO NHIÊU
HOW FAR	BỞI VÌ
HOW MANY	NHƯ THỀ NÀO
HOW MUCH	BAO NHIÊU
WHAT	MẤY GIỜ RỒI
WHAT TIME IS IT	TẠI SAO
WHEN	KHI NÀO
WHERE	CÁI GÌ
WHO	BAO XA
WHY	Ở ĐÂU

Review Jumble: The translations in the word list below have been scrambled. Draw lines between the left and right columns to find the correct translations.

```
D T A D S Ò T M Ụ H S I H J Ụ Ợ
R A P P Ư I Ợ L A U Ố N G P P W
I E N T P N È D Ó B S N Ổ H H Á
N M U H Ơ E I P R Á Ệ H Ò O W Ệ
K W A Đ S N T E T I È N B O A Ụ
T L A I N Á A I M Q G Í Ữ Z I Ệ
T Ó V E N K C G Z V Ụ H A P T W
H R R T F C N H Ệ E C C T H E Y
E I E A H Á O S R N R N R Ụ R Ợ
B Ố S S R Ự I U U Ư Ă Ó Ư C M E
I T T T S N C L R N Ợ M A V O A
L A R Á H E Ư Đ Ă S E U Ă Ụ O Ó
L Ữ O R Ổ Ệ D H Ơ W E M V N Ă Á
I B O S P A K W S N I K P A N Ơ
Ă F M Ó N K H A I V Ị Ơ E M N A
R T S I L E N I W B Ữ A S Á N G
```

APPETIZER	UỐNG
BREAKFAST	KHĂN ĂN
DESSERT	DANH SÁCH RƯỢU VANG
DINNER	TIỀN BOA
DRINK	BỮA SÁNG
EAT	BỮA TRƯA
LUNCH	HÓA ĐƠN
MAIN COURSE	PHÒNG VỆ SINH
MENU	MÓN KHAI VỊ
NAPKINS	BỮA TỐI
RESTROOMS	THỰC ĐƠN
THE BILL	PHỤC VỤ NAM
TIP	TRÁNG MIỆNG
WAITER	MÓN CHÍNH
WINE LIST	ĂN

Review Time: Draw lines between the English word on the left and the corresponding translation on the right. Refer back to the original puzzle if you need help.

```
I  A  I  Ạ  O  H  T  N  Ệ  I  Đ  E  A  E  Ì  O
V  N  Ấ  C  R  C  N  Â  T  Ể  L  R  Ý  M  Y  G
I  C  T  E  L  E  V  I  S  I  O  N  L  Đ  Đ  N
T  R  Ụ  E  T  R  P  A  S  O  Ệ  Ă  H  Ừ  S  Ò
À  D  W  D  R  E  R  A  M  Ệ  D  Ể  N  E  H  H
M  O  O  R  Ẻ  N  N  S  P  M  V  G  À  Ý  A  P
T  N  N  Ể  H  E  R  Ấ  T  L  Y  H  T  S  Ụ
I  O  K  J  O  R  T  T  E  À  E  Ế  Ấ  À  Ệ  V
Ụ  I  H  C  V  T  N  G  M  T  S  L  Ễ  I  N  H
A  T  Á  I  H  Ă  D  P  N  S  N  N  I  L  G  C
Đ  P  C  M  H  Ì  H  I  U  Ò  T  I  U  O  H  Ị
R  E  H  K  Ấ  I  A  I  S  A  H  G  G  Ă  T  D
E  C  S  I  Ê  S  T  K  R  T  G  P  N  N  Ệ  T
E  E  Ạ  N  L  E  T  O  H  A  U  Y  D  Ò  Ạ  V
D  R  N  G  I  Ư  Ờ  N  G  Ó  Ò  R  E  O  H  M
M  Ì  I  T  C  S  T  E  K  N  A  L  B  K  Ụ  P
```

BED	GIẤY VỆ SINH
BLANKETS	KHÁCH SẠN
DO NOT DISTURB	HÀNH LÝ
GYM	KHĂN TẮM
HOTEL	PHÒNG THỂ DỤC
INTERNET	ĐIỆN THOẠI
KEY	PHÒNG
LUGGAGE	CHÌA KHÓA
RECEPTION	TI VI
ROOM	GIƯỜNG
ROOM SERVICE	ĐỪNG LÀM PHIỀN
SUITE	DỊCH VỤ PHÒNG
TELEVISION	MẠNG INTERNET
TOILET PAPER	CHĂN
TOWEL	LỄ TÂN

Review Jumble: The translations in the word list below have been scrambled. Draw lines between the left and right columns to find the correct translations.

```
L Ị C H S Ử T Ậ U H T Ỹ K E W H
R E B N I A O D M Y Ọ O L Ý Y Ó
E K M Ô N Đ Ị A L Ý G N Ê T R A
K I E M H Ê T L Y Ó L O I N O H
I N D U H H Y R A Đ Ữ Â L G T Ọ
N H I S Ọ V T H T N M M N O S C
H D C I C S R Ậ P N G I B Ạ I E
T O I C I I U T H O R U G I H B
Ế A N M Ậ H M Ạ R E S E A N O Ị
H N E Ạ T Ô C O E I O O O G Ạ E
Ọ H Á Ệ N Ọ V N N G Ê Ử L Ữ E Ô
C Ử H T H I I E R O Ó T R I Y S
D G O A Ạ G S A S Ý C V H N H A
N Á O Ị N S P Ê R D Ý E S Ọ Ọ P
N H H E Ỹ H U V Ậ T L Ý H Ọ C H
K Ô P H Y S I C S C I E N C E N
```

ART	ÂM NHẠC
BIOLOGY	TRIẾT HỌC
BUSINESS	Y HỌC
CHEMISTRY	SINH HỌC
ECONOMICS	HÓA HỌC
ENGINEERING	LỊCH SỬ
GEOGRAPHY	MÔN ĐỊA LÝ
HISTORY	KINH DOANH
LANGUAGES	KỸ THUẬT
MATH	KINH TẾ HỌC
MEDICINE	KHOA HỌC
MUSIC	NGHỆ THUẬT
PHILOSOPHY	VẬT LÝ HỌC
PHYSICS	NGOẠI NGỮ
SCIENCE	MÔN TOÁN

Review Time: Draw lines between the English word on the left and the corresponding translation on the right. Refer back to the original puzzle if you need help.

```
M Y R T E M O E G N O S G N O S A
Ă Ă Ừ A E H N L D F R A C T I O N
P A R A L L E L A E Q U A T I O N
D N T T Ể U Ô T G H Ề Ì A O I R M
E Ó P V N A C A C Ệ C A L T E U T
H Ă É H M Ầ T I H Ấ R Í C T L L A
R Á H T Ự N H R D I I A T T P E Z
N O P C E Ơ M P T N R T I N R R T
Â S T C Q Á N H H T E P H A Ệ A D
H A R A Y H M G B N L P P Ư Ể I T
N E D T L E N U T I Í H R H Ớ H D
P W Í D T U S Á C R É T Ì E Ế C Ó
É N Í I I W C A O P Ì N P T P P S
H É C Í C T T L C T H N Í É A É N
P U Ộ Ă T I I Ọ A H E C H É H H Â
E M U L O V N O Q C H E Ư Ầ R P H
V U Ô N G G Ó C N O I S I V I D P
```

ADDITION	MÁY TÍNH
AREA	PHÉP CHIA
ARITHMETIC	SONG SONG
CALCULATOR	VUÔNG GÓC
DIVISION	DIỆN TÍCH
EQUATION	PHÉP TÍNH PHẦN TRĂM
FRACTION	CÁI THƯỚC
GEOMETRY	PHÉP NHÂN
MULTIPLICATION	HÌNH HỌC
PARALLEL	THỀ TÍCH
PERCENTAGE	TOÁN HỌC
PERPENDICULAR	PHÉP CỘNG
RULER	PHÂN SỐ
SUBTRACTION	PHÉP TRỪ
VOLUME	PHƯƠNG TRÌNH

Review Jumble: The translations in the word list below have been scrambled. Draw lines between the left and right columns to find the correct translations.

```
Y F Ả G I E F Ế Ễ H Ả I Q U A N
Y A B N Â S Ờ T P L H Á Ế Ọ Y Q
A Ờ W Ỏ Ý É C A T S N I Ả M U O
B L E N Ố Ỏ S F Đ E H Ộ C Ổ K G
Y A Ý Ó U S A Ư Đ C Ấ T C Á N H
Á N Ờ Q P R Ờ R Ọ U Ý N F Ở F R
M O T O C N F H R R Ộ Ế C Ổ F Ấ
Ờ I R R G U H Ă C I T S E M O D
N T I B O I S À Ộ T V L K H E H
G A Ă Ẳ Ấ P T T G Y É A À Ễ K S
E N Ấ Ữ Ấ U R E O A G N L R A N
G R B Ả O V Ệ I Ộ M H I Ộ S T Ế
E E G A G G A B A L S M Đ Ă Á Đ
Ọ T I C K E T R Ý E Â R Ỏ A Ọ A
H N A D E P A R T U R E S N Ữ Ử
Ă I Ý G T I Ế E R Ệ L T A K Á C
```

AIRCRAFT	BẢO VỆ
AIRPORT	QUỐC TẾ
ARRIVALS	ĐƯỜNG BĂNG
BAGGAGE	CẤT CÁNH
CUSTOMS	CỔNG
DEPARTURES	HÀNH LÝ
DOMESTIC	VÉ
GATE	CỬA ĐẾN
INTERNATIONAL	HỘ CHIẾU
PASSPORT	HẢI QUAN
RUNWAY	CỬA ĐI
SECURITY	NHÀ GA
TAKEOFF	SÂN BAY
TERMINAL	MÁY BAY
TICKET	QUỐC NỘI

Review Time: Draw lines between the English word on the left and the corresponding translation on the right. Refer back to the original puzzle if you need help.

```
R À G A G A I Ọ R Y A Ê M Ê Ợ E
D L Ấ C H I C K E N Â D G N Ồ N
U F L A M B P K T E S R O H À Đ
C C Ừ U C O N A S P N R N Á F Ấ
K O G L B O E C O N L Ợ N A A T
T N N À D A W R O T C A R T G T
P C Ọ D T O C Đ R O Ụ M Ọ U A R
À Ừ À H Ê R D O N G E Â E R O Ỏ
E U Ị Y E Ờ Ó V N R Ò L I K X N
W Đ A Ô Â Ò Ị N H L S H E E P G
G Ò U Ị Â T O Ấ G A Ừ Ị G Y G T
Ị B Ò Đ Ự C À É A Ị H A À O Đ R
V À I O Ị L Y G K S R G Á Đ A Ọ
S Ò Ẩ H O I E T À Y H H Ỏ E A T
L U Ổ W G À G N P À Á Ọ G S I Ô
R T Ô Á Q N L C Á Ợ É M N A H D
```

BULL	CỪU CON
CHICKEN	NÔNG DÂN
COW	CON DÊ
CROPS	GÀ
DONKEY	BÒ
DUCK	CON VỊT
FARMER	ĐẤT TRỒNG TRỌT
GOAT	CON NGỰA
HORSE	CON LỢN
LAMB	MÁY KÉO
PIG	CON CỪU
ROOSTER	CON LỪA
SHEEP	GÀ TRỐNG
TRACTOR	GÀ TÂY
TURKEY	BÒ ĐỰC

Review Jumble: The translations in the word list below have been scrambled. Draw lines between the left and right columns to find the correct translations.

```
Ò O S L S Y A P T O U R G U I D E
Ậ Y Á B O C R E D R O C M A C Ồ H
Ṇ Ệ C Ả U H U E Y T A Ò D S Đ H Y
S O H N V E C N L M H I T N Ư A Ô
Q H H G E Z T Ị E L R Ô Ả Ớ T Ấ V
U I Ự C N Ự N R L E A B N M Ô I Á
À N Ớ H I M A P C U A G Ẳ G Ệ T S
L F N Ị R Ị Ã T D T D C T N T S T
Ư O G D S H I L T Ẫ Y M B R M I À
U R D Ẵ S O E R N A M Ẵ Ể C A R N
N M Ẫ N N N A V U Ể O U Ô I P U T
I A N S V C I Q O T I N E K Đ O Í
Ệ T Ã Ả T Ê Y U À O G R E S R T C
M I H I N Á S N R V Đ N T O U A H
E O O Ị M Ể G U I D E B O O K M P
H N Ả Y Á M Ò Ê H C Á H K U D H Ê
S T N E M U N O M Ệ I N Ỳ K I À Đ
```

ART GALLERY	ĐIỂM DU LỊCH
ATTRACTIONS	BẢNG CHỈ DẪN
CAMCORDER	SÁCH HƯỚNG DẪN
CAMERA	MÁY QUAY CẦM TAY
DIRECTIONS	BẢN ĐỒ
GUIDE BOOK	VIỆN BẢO TÀNG
INFORMATION	DU KHÁCH
MAP	QUÀ LƯU NIỆM
MONUMENTS	MÁY ẢNH
MUSEUM	CÔNG VIÊN
PARK	ĐÀI KỶ NIỆM
RUINS	TRIỂN LÃM NGHỆ thuật
SOUVENIRS	TÀN TÍCH
TOUR GUIDE	HƯỚNG DẪN VIÊN du lịch
TOURIST	THÔNG TIN

Review Time: Draw lines between the English word on the left and the corresponding translation on the right. Refer back to the original puzzle if you need help.

```
E L Ẻ B H Á S I E Ô Ớ E D Ứ S N
Ặ E I F S U N G L A S S E S A S
G Ể N R R U N Ư C N Ổ Ộ G E N A
N Ẻ Ố F S Ó Ớ Á E U L Ặ C Ó D N
Ắ Í I Ờ R T T Ặ M S H O V E L D
N N K À S G N Ơ Ư D I Ạ Đ Ặ Â C
G Ơ Í Ó G N Ẻ X I Á C H H Ộ U A
N Ê N Ớ I I E Á Ổ Á N A C Q Đ S
Ổ G H Ó L M S E Ạ B T S A Ờ À T
H C M S N M Ó D R A U G E F I L
C Ư Á Ớ Ê I N A Ờ C L C B A C E
M Ắ T I Ộ W G N W L S N K Â Á Ộ
E L Ứ L X S B Ờ B I Ẻ N Ổ E T A
K Ê I Í T Ô I L Á Ờ W W U Ổ T Ờ
I Ơ Ộ Ẻ C Ứ Ẻ D T W A V E S Ớ F
B Đ Ờ N H Â N V I Ê N C Ứ U H Ộ
```

BEACH	BIỂN
BUCKET	NÓN
HAT	ĐẠI DƯƠNG
LIFE GUARD	LÂU ĐÀI CÁT
OCEAN	MẶT TRỜI
SAND	KÍNH MÁT
SANDCASTLE	BƠI LỘI
SEA	CÁI XẺNG
SHOVEL	SÓNG BIỂN
SUN	NHÂN VIÊN CỨU HỘ
SUNGLASSES	BỜ BIỂN
SUNSCREEN	KEM CHỐNG NẮNG
SURFING	CÁT
SWIMMING	LƯỚT SÓNG
WAVES	CÁI XÔ

Review Jumble: The translations in the word list below have been scrambled. Draw lines between the left and right columns to find the correct translations.

```
O E R Ứ Z F I È Ớ D G T H Ấ P N
N H E Ô O C A T E W O R R A N Ô
Ô E G G N Ứ C E M I O T N H R O
N N N L Ứ N C É Ạ D D J Ỏ G Ẹ D
T Ọ Ớ U L A È Ẹ R E A B I I Ấ P
R I U L O A C Y Ỏ Ọ É B K H Ô N
O Ạ A T W N T Ẩ I E T U E E Ư E
H M Ẩ Ớ É Ạ Ớ Ồ Q Ẩ X È Ẩ Ư Ồ O
S M V O E E Ư J T R A Ạ Ứ X A Ạ
O È E D N R Ô É Ớ O H R Ớ É I E
F M N M T R Ọ W T Ẩ H È I U A Ỏ
T H W E È O Ấ N R S Y N S R A I
M Ớ T Ẹ Ạ Ấ Ư I Ẹ B Ư T Ỏ T Ớ Ứ
S O Ư Ấ B C R F Ỏ O H Ẹ Ẹ O K M
A E O I A T Ẩ J Ỏ L Ồ Ọ P I Z P
T M Ứ D Ỏ G Ớ H N E É Ẩ E Ấ W Ẩ
```

BIG	THẤP
SMALL	KHÔ
WIDE	TỐT
NARROW	MỀM MẠI
TALL	CAO
SHORT	LỚN
HIGH	ƯỚT
LOW	NHỎ BÉ
GOOD	XẤU
BAD	HẸP
WET	CAO
DRY	NGẮN
HARD	RỘNG
SOFT	CỨNG

Review Time: Draw lines between the English word on the left and the corresponding translation on the right. Refer back to the original puzzle if you need help.

```
T  Ạ  O  Đ  F  E  N  Ò  W  Ở  D  T  Đ  Ơ  E  T
Ĩ  O  A  U  H  I  S  E  Ẻ  E  E  Ấ  E  V  P  B
H  L  E  H  O  E  A  E  I  G  H  U  A  F  L  B
P  Ẻ  Ẻ  I  Ẻ  T  V  N  I  R  Ú  O  Ẽ  R  Ú  S
E  Ò  F  Ê  T  Ẽ  Ó  Ĩ  H  Đ  Q  P  T  Đ  I  V
Ó  E  H  I  S  T  Ẳ  T  H  E  Ú  E  A  Ẽ  Ấ  G
C  N  G  H  N  A  H  N  C  Ơ  Ấ  N  N  E  N  T
L  T  C  L  E  A  N  Ẻ  H  O  S  A  G  Ó  H  G
O  Ạ  T  O  L  C  Ở  E  Ậ  E  L  À  Đ  G  N  C
S  À  À  Ạ  Ạ  M  E  Ở  M  Ấ  G  D  I  O  Ĩ  G
E  V  N  Ậ  W  N  A  Ậ  Ê  A  Ơ  R  R  F  T  N
D  H  E  Ò  O  Q  A  R  Ậ  B  Ẻ  W  Y  A  N  I
B  Ó  Ồ  N  L  U  A  N  Ẳ  Đ  Ĩ  M  D  S  Ê  J
A  Ạ  A  Y  S  I  O  N  Ê  Ĩ  D  I  R  T  Y  N
M  D  N  Ó  A  E  X  P  E  N  S  I  V  E  Ở  À
Ò  P  Ẳ  I  I  T  U  T  U  H  Ò  W  À  W  Ú  B
```

FAST	ỒN ÀO
SLOW	NÓNG
RIGHT	ĐÚNG
WRONG	LẠNH
CLEAN	CHẬM
DIRTY	SAI
QUIET	NHANH
NOISY	RẺ
EXPENSIVE	SẠCH SẼ
CHEAP	MỞ
HOT	YÊN TĨNH
COLD	ĐẮT
OPEN	ĐÓNG
CLOSED	DƠ BẨN

Review Jumble: The translations in the word list below have been scrambled. Draw lines between the left and right columns to find the correct translations.

```
Á Á S D T L U C I F F I D N Ó U
A L A Ầ B P Ũ Ổ Ú Ỏ W D M A E Ắ
Á A A N Ú Ạ L I G H T Y Ậ M R W
S G Ú O L D G N O R T S P N F K
Ạ N Đ Ú Ế Ể H R Ổ B Ấ T Đ Ầ U L
P I D D T H I N U Ể Y Ầ Ế D L C
O N À Ậ Á Ấ G W H S Y S F K L A
E N Ă H K Ó H K G T Y S A M N O
G I Ầ S N K Á I A E Ổ M T E Ó I
Ầ G N Á S Ạ Ó B X E Y D N Ó A O
Y E P D N Ổ M Ổ U À W I Ầ Ấ Ế E
Ú B Ấ B A Ớ Ớ Ắ T U D I I U N Q
D Á Ă À I T I Ó Ế S Y S H C B T
A Ớ Ạ Ạ X S Ầ P R C Ó A O Ế H O
U W U B E O B Ầ A D Ú H I R L Ú
Ắ Ậ T Ổ À E A H D R Ũ H Y H N P
```

FULL	KẾT THÚC
EMPTY	CŨ
NEW	MỚI
OLD	TỐI
LIGHT	MẬP
DARK	KHÓ KHĂN
EASY	DỄ DÀNG
DIFFICULT	SÁNG
STRONG	YẾU
WEAK	GẦY
FAT	MẠNH
THIN	TRỐNG
BEGINNING	ĐẦY
END	BẮT ĐẦU

Review Time: Draw lines between the English word on the left and the corresponding translation on the right. Refer back to the original puzzle if you need help.

```
Í Ô À A Ố R L N N W T Y Ê Z I D
À U B H E T Ẳ L Ó Ớ Â D L R R Ổ
À B W E Ê Ô Ổ Y Ô Đ N E A R L S
L B Ù Ô M N T J Ở Ù Ở F R A A R
Ô I D H M W O À C L A S T E P E
L I E W C I T L F Ù A E R E H T
Ô A O Ớ Ổ Ớ Ư D I U M Ó W X Í F
O E T Ư I Ê Ư R R Ở D C U I A A
E S I Ó Ó Ớ N R S Ẽ Ê G Ó O T Ế
R E O I I Đ Ẳ U T I Ê N X U R H
A T E Â E À G Ẳ S Í L Ô O T O F
A Â Ù E T H S B Ó D Ễ H M S N Ê
Í Â F Â Ớ Q O Ễ Ẳ I T K E I G E
S L S E Ở N G O À I N S I D E A
T S W Ổ Ù T E P W E R O F E B I
G T G Ó I C D Ù G N Ù C I Ố U C
```

NEAR	CUỐI CÙNG
FAR	PHÍA TRONG
HERE	CÓ
THERE	KHÔNG CÓ
WITH	SAU
WITHOUT	ĐẦU TIÊN
BEFORE	Ở ĐÂY
AFTER	TRỄ
EARLY	XA
LATE	TRƯỚC
INSIDE	SỚM
OUTSIDE	Ở NGOÀI
FIRST	Ở ĐÓ
LAST	GẦN

Review Jumble: The translations in the word list below have been scrambled. Draw lines between the left and right columns to find the correct translations.

```
B Ô E Ò S É D S Ê Đ W C U Ấ L É
T R Á Ò M Ạ Ê Ấ A G Á J Ự Ệ A Ê
S O V U Ệ S M Ư E N O T S S I O
Ạ Ơ L O É L T I T À D N S D R X
Ê Ò F Ẩ Đ H O E Ạ V J R H É E B
E Á N S É D E Ủ E D Ư E E Ự T Ê
D Ẩ E P Ệ S E Ệ Ô L A P R Ô A T
W E T D B P Ệ Ự A O T P Ơ Á M Ô
Ư A Ệ D Ệ K Ế T V G M O Đ E U N
Đ E T Ò A I E Ậ K I M C Ư Ơ N G
C R Y W O M T G K D N O M A I D
A Ạ E R O L Ỗ H N I T Y Ủ H T F
Đ E T V I O C Ạ B Ò A Á Y R A E
Q H E Ệ L Ạ D Ệ Á L Đ B C Đ L T
E Ơ U A B I À Ậ C I T S A L P Ê
Á R G L A S S E C O N C R E T E
```

CLAY	ĐỒNG
CONCRETE	NHỰA
COPPER	BẠCH KIM
DIAMOND	ĐẤT SÉT
GLASS	KIM LOẠI
GOLD	VÀNG
MATERIAL	BÊ TÔNG
METAL	THÉP
PLASTIC	GỖ
PLATINUM	BẠC
SAND	CÁT
SILVER	THỦY TINH
STEEL	KIM CƯƠNG
STONE	ĐÁ
WOOD	VẬT LIỆU

Review Time: Draw lines between the English word on the left and the corresponding translation on the right. Refer back to the original puzzle if you need help.

```
Ấ N N A Ấ A A Ă Ô O U B R A S S
C M E Ấ Ố L T E Ô Ạ A E E K Ấ S
Á E Ò D P Ì G G N Ô H K P É H T
N Á N B Ả N M B E T T Ấ A É C A
P Ấ R B Ă S E Ô A Ấ G G P L Ạ I
I Ứ S M Ổ G R E T S N H Ô M H N
Y Ấ I G C E L E Ă Ô Ò Ì C A T L
Ă X L C E O Ô Z B D Đ N I I M E
Ả Ọ A A Ọ Đ T I U B Ổ M M E Ấ S
D F E O X U Ả T T M U U A Ô C S
F A Á S Á V H L O N I R R A Á S
Y Ấ E U I Ấ B T I N E H E Ộ Đ T
I Ì E L B R A M A O Z M C Ì Ấ E
E R H P I Ấ U T N D S L E Ạ T E
Ứ N O C M L I Đ P Ả T Y Ò C G L
Ạ O K N A T I T I Ạ O L M I K Á
```

ALUMINUM	GỐM SỨ
BRASS	XI MĂNG
BRICK	ĐẤT
CEMENT	GẠCH
CERAMIC	ĐÁ CẨM THẠCH
COTTON	THÉP KHÔNG GỈ
IRON	ĐỒNG THAU
LEAD	KIM LOẠI TITAN
LEATHER	GIẢY
MARBLE	VẢI BÔNG
PAPER	DA THUỘC
RUBBER	CAO SU
SOIL	SẮT
STAINLESS STEEL	NHÔM
TITANIUM	CHÌ

Review Jumble: The translations in the word list below have been scrambled. Draw lines between the left and right columns to find the correct translations.

```
Ỏ Ạ E V I Ợ N O T U Ư W P I Â K
N Ọ E A K D O V Ạ L H É É H O Ọ
Ợ C F N B Ọ T Ạ E I C G R Â N É
O A F G I R A Ữ S Ớ C Ợ E O I D
Ữ P O T À W A K Ư S À T T O C J
A P C R S A E N G A P M A H C H
É U Ữ Ấ Ỏ Y K T D E H I W E U L
F C A N Ữ Đ E D I Y Ê L B N P G
C C J G I A G M O H A K T I P Ỏ
E I U C B G N N U V W N I W A Ợ
T N I G U Ợ Ư R A R U M X D C Ợ
A O C R U Ớ Ạ O Đ V U Ợ E E Ê Ạ
Ấ Đ E Ỏ C T H N Ạ M U Ợ Ư R H O
E E A L Y K S I H W U Ợ Ư R P B
B Ợ Ọ S F C G O Ê Ư W S Ư R À Ê
T C T H N A B M Â S U Ợ Ư R C Â
```

BEER	RƯỢU SÂM BANH
BRANDY	SỮA
CAPPUCCINO	CÀ PHÊ
CHAMPAGNE	NƯỚC ÉP
COFFEE	CÀ PHÊ CAPPUCCINO
GIN	RƯỢU RUM
JUICE	NƯỚC LỌC
MILK	TRÀ
RED WINE	RƯỢU MẠNH
RUM	RƯỢU VANG ĐỎ
TEA	RƯỢU VODKA
VODKA	RƯỢU WHISKY
WATER	VANG TRẮNG
WHISKEY	RƯỢU GIN
WHITE WINE	BIA

SOLUTIONS

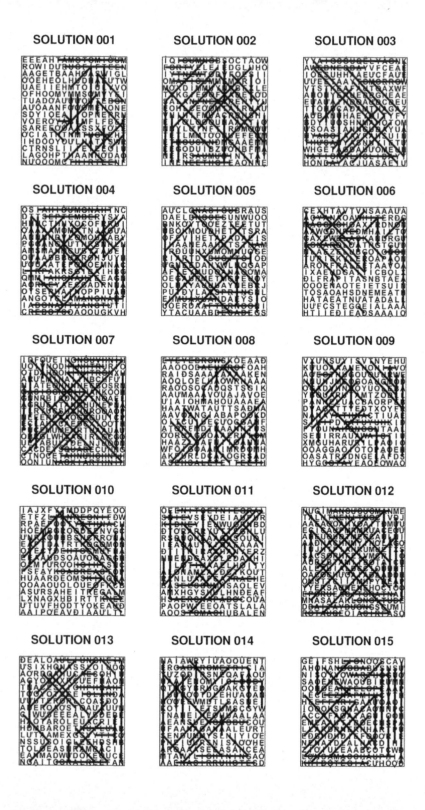

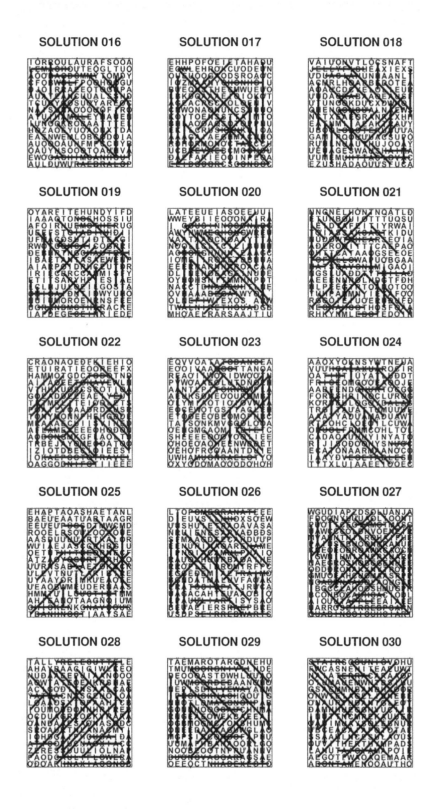

SOLUTION 016   SOLUTION 017   SOLUTION 018

SOLUTION 019   SOLUTION 020   SOLUTION 021

SOLUTION 022   SOLUTION 023   SOLUTION 024

SOLUTION 025   SOLUTION 026   SOLUTION 027

SOLUTION 028   SOLUTION 029   SOLUTION 030

SOLUTION 031

SOLUTION 032

SOLUTION 033

SOLUTION 034

SOLUTION 035

SOLUTION 036

SOLUTION 037

SOLUTION 038

SOLUTION 039

SOLUTION 040

SOLUTION 041

SOLUTION 042

SOLUTION 043

SOLUTION 044

SOLUTION 045

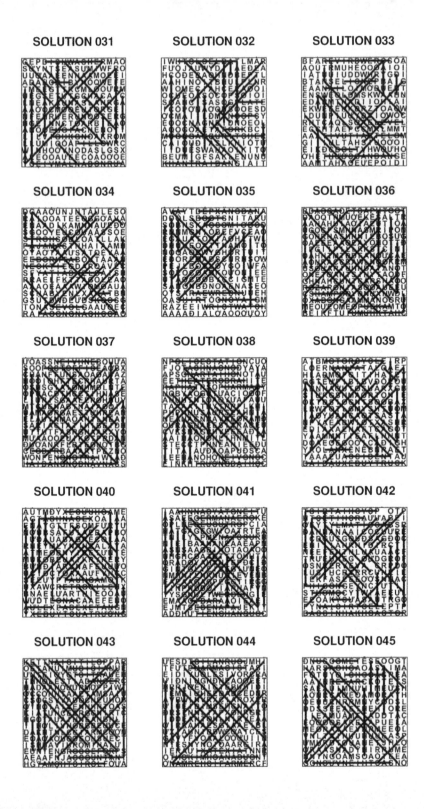

SOLUTION 046 SOLUTION 047 SOLUTION 048

SOLUTION 049 SOLUTION 050 SOLUTION 051

SOLUTION 052 SOLUTION 053 SOLUTION 054

SOLUTION 055 SOLUTION 056 SOLUTION 057

SOLUTION 058 SOLUTION 059 SOLUTION 060

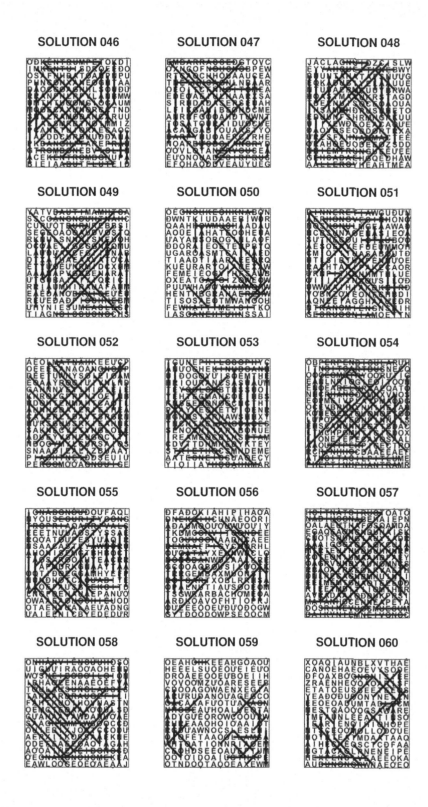

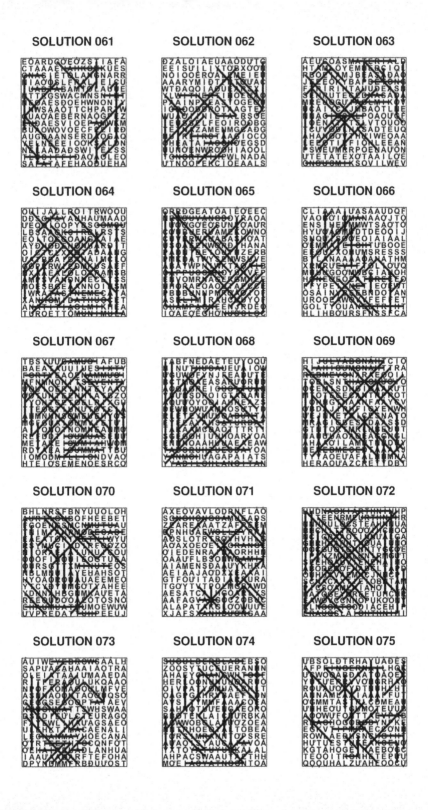

SOLUTION 061 SOLUTION 062 SOLUTION 063

SOLUTION 064 SOLUTION 065 SOLUTION 066

SOLUTION 067 SOLUTION 068 SOLUTION 069

SOLUTION 070 SOLUTION 071 SOLUTION 072

SOLUTION 073 SOLUTION 074 SOLUTION 075

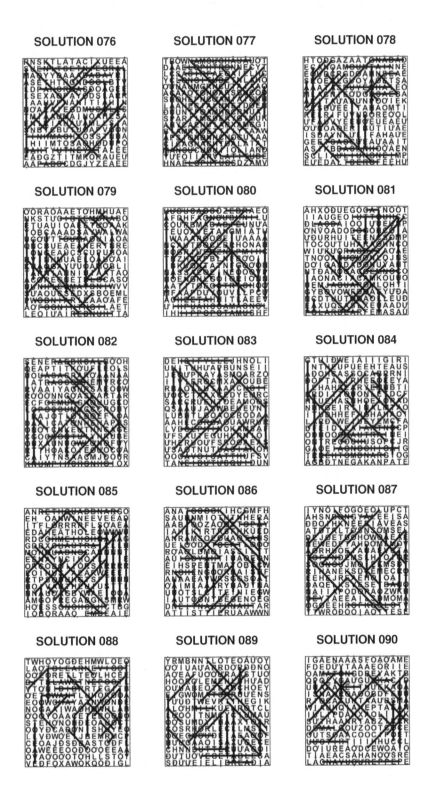

SOLUTION 076

SOLUTION 077

SOLUTION 078

SOLUTION 079

SOLUTION 080

SOLUTION 081

SOLUTION 082

SOLUTION 083

SOLUTION 084

SOLUTION 085

SOLUTION 086

SOLUTION 087

SOLUTION 088

SOLUTION 089

SOLUTION 090

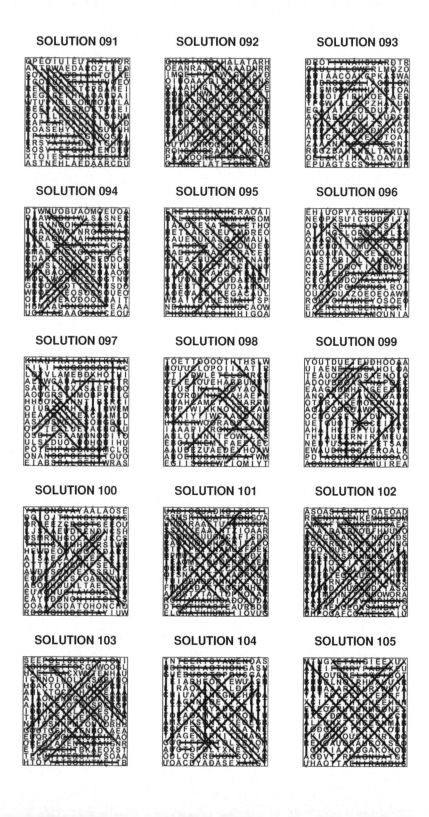

SOLUTION 091 SOLUTION 092 SOLUTION 093

SOLUTION 094 SOLUTION 095 SOLUTION 096

SOLUTION 097 SOLUTION 098 SOLUTION 099

SOLUTION 100 SOLUTION 101 SOLUTION 102

SOLUTION 103 SOLUTION 104 SOLUTION 105

SOLUTION 106

SOLUTION 107

SOLUTION 108

SOLUTION 109

SOLUTION 110

SOLUTION 111

SOLUTION 112

SOLUTION 113

SOLUTION 114

SOLUTION 115

SOLUTION 116

SOLUTION 117

SOLUTION 118

SOLUTION 119

SOLUTION 120

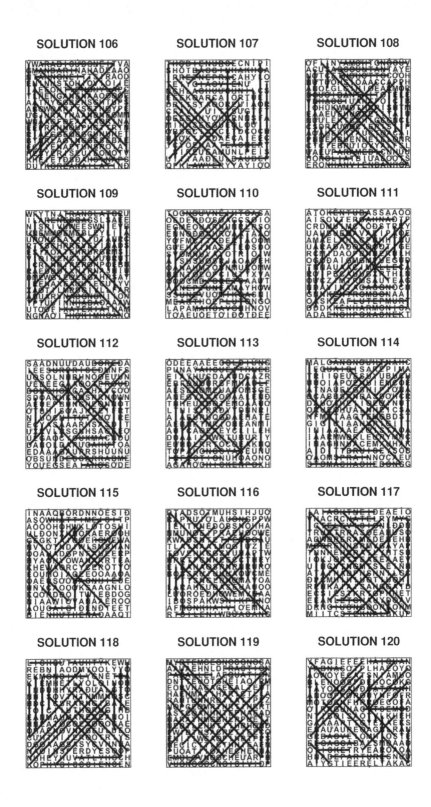

SOLUTION 121

SOLUTION 122

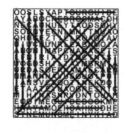

SOLUTION 123

SOLUTION 124

SOLUTION 125

SOLUTION 126

SOLUTION 127

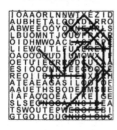

SOLUTION 128

SOLUTION 129

SOLUTION 130

Word Search Books by David Solenky
Available on Amazon

Language Series
Available in both Regular and Large Print sizes
01. Learn Albanian with Word Search Puzzles
02. Learn Brazilian Portuguese with Word Search Puzzles
03. Learn Croatian with Word Search Puzzles
04. Learn Czech with Word Search Puzzles
05. Learn Danish with Word Search Puzzles
06. Learn Dutch with Word Search Puzzles
07. Learn Finnish with Word Search Puzzles
08. Learn French with Word Search Puzzles
09. Learn German with Word Search Puzzles
10. Learn Hungarian with Word Search Puzzles
11. Learn Italian with Word Search Puzzles
12. Learn Polish with Word Search Puzzles
13. Learn Portuguese with Word Search Puzzles
14. Learn Romanian with Word Search Puzzles
15. Learn Spanish with Word Search Puzzles
16. Learn Swedish with Word Search Puzzles
17. Learn Turkish with Word Search Puzzles
18. Learn Vietnamese with Word Search Puzzles

Baby Name Series
01. Baby Name Word Search Puzzles
02. Baby Boy Name Word Search Puzzles
03. Baby Girl Name Word Search Puzzles

Made in the USA
Coppell, TX
13 June 2020